綠茶[illegible]

如果没有书店

中国书迷打卡计划

绿茶 著绘

上海三联书店

图书在版编目（CIP）数据

如果没有书店：中国书迷打卡计划 / 绿茶著、绘.
—上海：上海三联书店，2021.4（2025.4 重印）

ISBN 978-7-5426-7339-8

Ⅰ.①如… Ⅱ.①绿… Ⅲ.①书店—介绍—世界
Ⅳ.① G239.1

中国版本图书馆 CIP 数据核字 (2021) 第 027148 号

如果没有书店

中国书迷打卡计划

绿茶 著、绘

责任编辑 / 殷亚平
特约编辑 / 田南山　张旖旎
装帧设计 / 艾　藤
内文制作 / 陈基胜
责任校对 / 张大伟
责任印制 / 姚　军

出版发行 / 上海三联书店
（200041）中国上海市静安区威海路755号30楼
邮　　箱 / sdxsanlian@sina.com
联系电话 / 编辑部：021-22895517
发行部：021-22895559
印　　刷 / 山东韵杰文化科技有限公司

版　　次 / 2021 年 4 月第 1 版
印　　次 / 2025 年 4 月第 3 次印刷
开　　本 / 1168mm × 850mm　1/32
字　　数 / 100千字
图　　片 / 708幅
印　　张 / 16.375
书　　号 / ISBN 978-7-5426-7339-8/G・1590
定　　价 / 128.00元

如发现印装质量问题，影响阅读，请与印刷厂联系：0533-8510898

A Bookshop Tour

with Green Tea

目 录

目录页涉及二百多家中外书店，我的书店之旅前后十来年，所写均为当时之感，书中谈及的有些书店已遍地开花，有些书店或已乔迁新址，有些书店可能易立名号，还有些书店，很遗憾已结束营业，就在书稿编排过程中，亦不时听到书店变迁之消息，变，乃书店生态之常态。本书副题为"中国书迷打卡计划"，如果按图索骥，有时难免会扑了个空，敬请读者诸君谅解。

作者识

黄永玉先生给绿茶画的速写

序

这些年来，绿茶写了很多篇“书游记”，我从他的所写中第一次听闻到一些书店的名称，当我到某地活动时，就会本能地回溯一下他的所写，以便在活动间隙能够去转一转他所写的书店，同时也体会一下绿茶眼中的该店与我的眼前所见，有着什么样的差异。

韦力

书痴书游记

韦力

也许是性格使然，我喜欢宏大的东西，对大多数事物的看待总是以大为美，绘画也是如此。几十年前当我第一次看到复制本的《清明上河图》时，就有着莫名的激动，尽管那时的印刷技术呈现出的画面粗糙不堪，但眼界所限，我已经认为那是不得了的古画复制品。

大概是18岁那年，我灭了无数个朝食，攒下一笔“巨款”跑到新华书店，买下了那卷令我叹为观止的《清明上河图》原大复制品，把它装入书包的一瞬间，我的幸福感爆棚。此后的一段时间，几乎天天把玩，开始是细数上面的人物，后来是慢慢观察每个人物的举措，再后来才懂得查看人物跟环境的关系。那时还没有足疗店的概念，所以不明白图上的“十千脚店”究竟做什么的，可上面的公共澡堂却能看得明白，当然那座虹桥兹不必说，但也是多年后才明白虹桥的建筑手法是何等之高妙。

我在此图上的重大发现，当然是看到了“集贤堂书店”。爱书之好于我而言，恐怕终生不能免疫，而在我购得此画之前，早已感染上了这样的“病毒”，虽然 18 岁时个人的收藏仅仅是两个小箱子，但居然有着“纸鱼踞案傲遮山”的豪迈感。故而能从《清明上河图》上找到书店，顿有先得我心之感。

后来我的藏书之好渐渐趋古，凡古皆好之习气愈发浓郁，这个偏爱使自己在磕磕绊绊中懂得了一些古籍知识，渐渐开始好奇《清明上河图》上那家集贤堂书店的经营范围。此店门口所挂大招牌上明确写着“古今名人文人诗”，牌匾前站着一人，遮挡了“诗”下的那个字，我猜测那是一个“集”字，可见该店专门经营集部书，这似乎与传统的藏书观有所违，那个时候四部分类法已然深入人心，而这家书店专营集部，似乎不合潮流。再之后我慢慢懂得，人们最推崇与标榜之物，不太可能是他们真心向往者，虽然集部的重要性最弱，可能人们也最喜闻乐见。

集贤堂的架上之书，从外观看均为瘦长本，每一函的高度远超寻常所见四六本，显然这是经折装的佛经。但《清明上河图》所表现出的场景，应该是北宋汴梁的繁华，那个时段流行的《大藏经》应该是《开宝藏》，而《开宝藏》却是卷轴装，那么此店的经折装会是什么书呢？

这样的思索显现出我的无聊，但也从另一个角度表达出了我对古代书店的偏爱，这个偏爱一直延续到了今日。前些年我在国内访问一些旧书店和旧书街，以此怀念藏书界的黄金时代，而绿茶先生与我的爱好有相同也有不同，相同者是他每到一地必转书店，不同者，则是他新旧通吃，我则对旧书店更加情有独钟。

与绿茶兄交往有年，对他了解得越多，越让我感慨，他是一位骨灰级的爱书人。我曾从他写的一篇文章中了解到，他在上大学的时候，就到北大南门外的风入松书店去打工，这家书店当年可是京城三大独立书店之一，在全国书店业都赫赫有名。该书店开业不久，我就跑到那里去买书，当时结账处会发给购书人一张小卡片，每次购书的金额都会填写在上面，达到一定额度就有优惠折扣。我记得折扣从 98 折开始，购书多次后，我的折扣到了 95 折，据说最优惠能够达到 90 折，这是我当年向往的目标。

那时我并不知道，绿茶已经在风入松书店兼职，如果当时认识他，不知道折扣是否更优惠一些。后来有了当当网，再后来京东等大电商都经营书，很多书都能打到 70 折，遇到特殊节口再加上折上折、兑换券等，有些书连 50 折都不到，这让当下的年轻人不能理解，我以往在风入松，为了能打到 90 折的优惠，要付出那么多的努力。

店员可享八五折哦！

风入松书店读者优惠卡

我不清楚风入松的店员是否有更多的折扣，也没有问过绿茶，他那时是否沾到了不少便宜。后来我跟他几次出游逛书店时，他每到一店，至少要买一本书，他说这是对书店表达的敬意。相比较来说，我买书很功利：只买我认为有用的书，如果某店的书不合我的口味，即便它再便宜，我也只能表示遗憾。不知道绿茶这个好习惯是否保留到了今日，我时常听他抱怨说，书房被源源不断涌入的新书挤得无下脚之地。

但我觉得，绿茶是爱书人中的另类，不能以惯常思维来理解他的所为。如果以经历来说，他跟书的交往比普通人更多，除了在风入松当店员的那段历史，我认识他的时候，他已经在《新京报》编书评周刊。印象中，我是在中央美院的一次展览上与他相识，那时他向我约稿，但我却未能报命。后来他又到中信出版社去工作，蒙其美意，还为我出了一套三本的《书楼觅踪》。而在此期间，他一直是多个“十大好书”的评委，时常看到他发一些点评某书之佳的文章，再后来他又跟邱小石、杨早两位先生在读易洞组织了读书会，这读书会办得有声有色，成为北京读书会中较有影响力的人文读书会之一。总之，他堪称是全职读书人。

绿茶爱逛书店，以我的观察，他更喜欢逛新书店，但喜新不厌旧，他偶尔也逛古旧书店。每次我约绿

老书虫

茶兄见面，都会找一家僻静的咖啡馆，但绿茶约我见面，大多会选在某家书店，而让我印象最深刻的一次，是三里屯的老书虫书店。

以我有限的所知，老书虫书店是北京唯一一家由外国人开办的二手外文书店。此店有两个店堂，面积一大一小，中厅摆放的都是老旧木制桌椅，店内设有西式简餐，并且四壁皆书，一律是外文版的精装书。可惜我不懂这些书的版本价值，但从装帧看，大多是几十年前的旧书，想来珍本不会在此随意插架，因为凡来此吧的客人都可以随意地翻阅这些书。

正是在老书虫的这次见面，绿茶给我普及了微信知识。以他的话来说，微信与其他电媒不同之处，近似于几何数增长与自然数增长，在他的鼓动下，我开办了“芷兰斋”公号，而当时此号的开办全是由绿茶先生一手完成，由他代我注册，代我设计 logo，甚至帮我将图文编辑在一起，而后发出，而他所做这一切全部都是义务的。原来我觉得这是他对我的厚意，后来才了解到，他用这种方式帮过不少的朋友，为此他把家人的身份证全部用来替朋友注册公号，以至于人送绰号“公号小王子”。

有时我在想，绿茶为什么能这样无私地帮助朋友，同时他的所帮又都与书有着密切的关联，而他本人也乐此不疲地投入其中？比如那著名的“六根”，他就是六个人之一，想来“六根”这个公号的实际

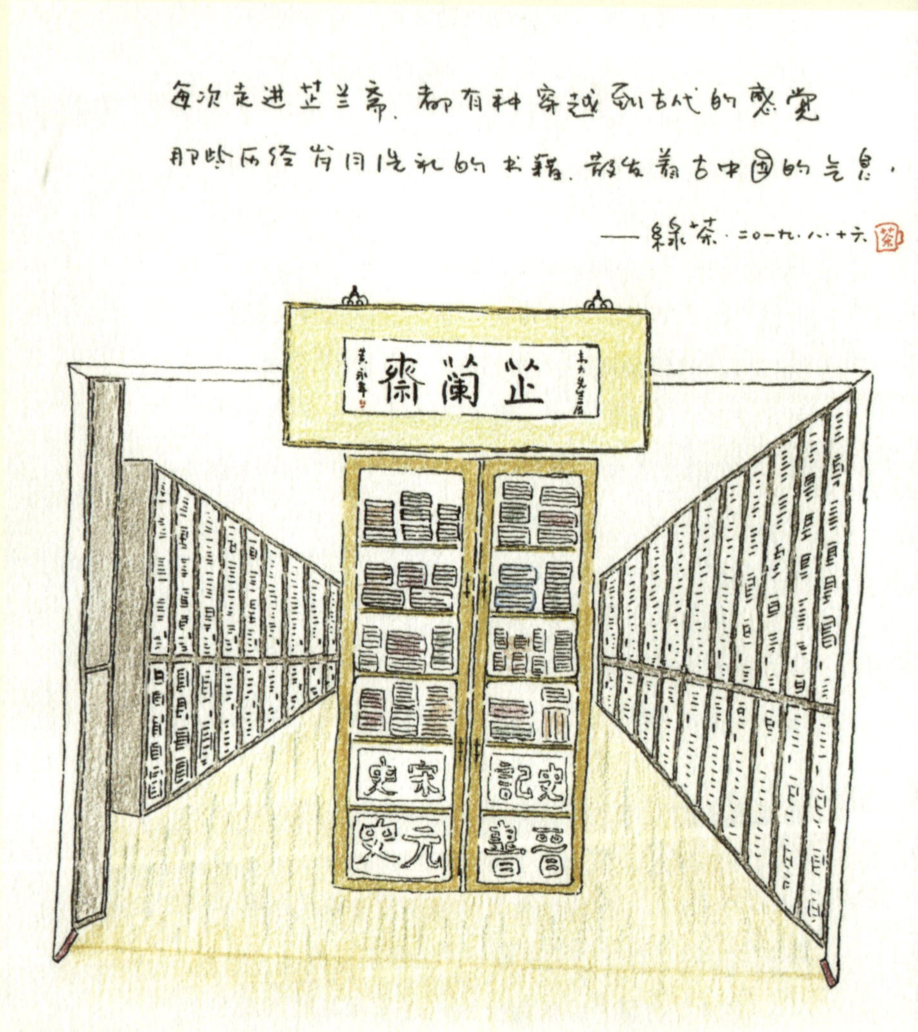
每次走进芷兰斋，都有种穿越到古代的感觉
那些历经岁月洗礼的书籍，散发着古中国的气息。
——绿茶·二〇一九·八·十六
芷蘭齋

芷兰斋（韦力藏书楼）

操作人也是他。从这个角度来说，绿茶在宣传普及书籍文化方面，比很多爱书人的贡献要大得多。

在这里，我还要说说绿茶的奇特之处：他有着天然的超脱感，爱书而不佞于书，读书又不为书所累，这正如他前些年出的那本文集名称《在书中小站片刻》。有书癖之人能做到这份疏离，太难太难。这些年来他每到一地都会去寻找和探看当地的独立书店，几年前他带我到青岛参加了一场活动，我在火车上看到了他提前做的书店攻略，他会将当地的独立书店列出一张路线图来，之后一一拜访，再以他那敏锐的观察力，记下每家书店的特色，回来之后撰写成文，成为一篇篇的“书游记”。

这些年来，绿茶写了很多篇“书游记”，我从他的所写中第一次听闻到一些书店的名称，当我到某地活动时，就会本能地回溯一下他的所写，以便在活动间隙能够去转一转他所写的书店，同时也体会一下绿茶眼中的该店与我的眼前所见，有着什么样的差异。看来，“各花入各眼”用在书店寻访上也很合适。

而今绿茶先生将他所写的“书游记”结集出版，相信这本书会提供一种别样的阅读体验，让阅读者从中不仅可以体味到这些书店的独特之处，更有一种爱书人之于书店的爱之体验。是为序！

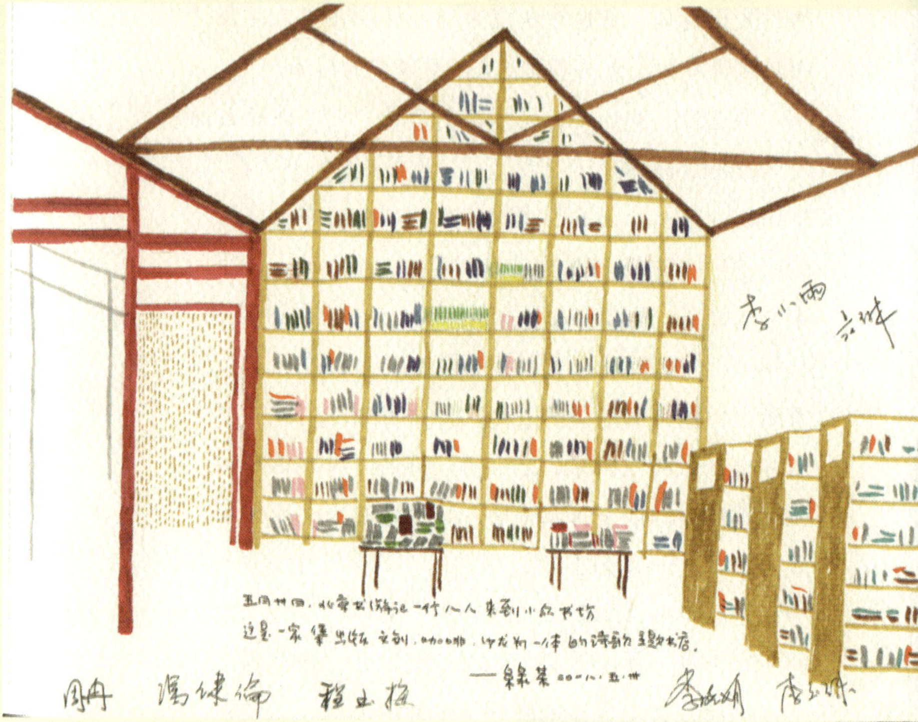

小众书坊

北京书游记

逛书店是日常生活的习惯，在北京 20 多年，逛过多少书店很难统计了，日前根据自己时常出没的书店，梳理出 5 条经典的北京书店路线，供同样爱书店的书友们参考。这是疫情之前的书店路线规划，疫情期间，有些书店经营困境，有些甚至关门了，还有一些不得不搬迁另设。实体书店在疫情过后将面临全新转型，书店业也必将全新洗牌，整合成后疫情时代的书店生态。

惊闻朴道草堂书店被关
很痛心。
曾去过几次，很喜欢
特画小画记念。
朴道草堂書店
書
BOOK
茶
TEA
綠茶·二〇一七·四·廿二

朴道草堂书店

中国国家图书馆

路线一 | 南锣鼓巷到琉璃厂

地铁南锣鼓巷站出来，可以先去左右时代一层的南锣书店（地安门东大街 89 号），这家书店 2019 年新开。在喧闹的南锣鼓巷一带，应该有一家安静的书店，让南来北往的人可以驻足停留。以前南锣鼓巷有一家朴道草堂书店，在“穿墙打洞”后，书店关门了。我当时曾手绘一张朴道草堂以示纪念。

沿着南锣鼓巷北行，大概走一多半，注意后圆恩寺胡同标志，右拐入胡同东行。先路过胡同 13 号茅盾故居，茅盾先生 1974 至 1981 年在此度过最后的晚年时光。紧接着，胡同 7 号院是 1945 至 1949 年间蒋介石北平行辕，该院落曾为清代庆亲王奕劻次子载旉的府第，今不对外开放。胡同口 1 号院就是小众书坊（后圆恩寺胡同甲 1 号）了。这是一家小众文艺的诗歌书店和诗歌出版机构，小院精致优雅，门口有一棵大树为整个小院遮阴，每周有很多

小众
小众小院
小众书坊小院 很精致。
每次来都小坐一会，但蚊子太多。
画这幅速写时，两手被咬满了包。
——绿茶 二〇一九.九.廿七
谢谢绿茶
先为我们手绘
小众书坊！

小众书坊

诗歌活动在这里落地。我曾多次来这里做活动，最近一次是为我策划的苏州作家王道的作品《牙祭岁月》做新书分享，与会嘉宾有著名藏书家韦力和方继孝先生。

从小众书坊出来，建议骑上单车，沿着交道口南大街，穿过平安大街进入美术馆后街，到头后左转进入美术馆东街，走不远右转就看到三联韬奋书店（美术馆东街 22 号）。三联在装修之后重新开张，还是原来那个味道，还有那么多好书可淘。

三联韬奋书店可谓北京东部书店地标，是出版社办书店的典型代表，除了有齐备的三联版图书，还有丰富的各类人文社科文艺类图书。以前二楼有咖啡馆，约朋友聊天或谈事，三联都是首选。聊完了顺便去中国美术馆看看，有好的展览可以一饱眼福。

五四大街和王府井大街交叉口新建有嘉德艺术中心，有兴趣可以进入拐一下，嘉德自办有艺术书店（王府井大街 1 号），有很丰富的艺术图书。如果运气好赶上嘉德预展，那更是再完美不过的体验了，可以一饱艺术精品。

继续往南挪一点就是人艺（首都剧场），剧场内的戏剧书店（王府井大街 22 号）小巧精致，有很多难得一见的剧本和戏剧理论书籍，以前每次来看话剧，都提前很长一段时间先去泡泡戏剧书店。注意：

每周一闭店哦。

人艺南行不远，就是著名的商务印书馆大楼，商务旗下的涵芬楼书店（王府井大街36号）就在一层临街。上下共3层，楼上平时办一些文化活动和展览；地下一层是书店的核心书区，书储藏量很大，如果细心逛，大半天都不够；一楼是新书展示和咖啡区。

涵芬楼是商务印书馆上海时期的藏书楼，以收藏善本为主，1909年设立。随着藏书量越来越大，遂于1924年另筑高达5层的东方图书馆，涵芬楼便成为东方图书馆的善本室。此图书馆书籍之多曾一度超过北平图书馆，达到50多万册而成为中国最大的图书馆，1932年，东方图书馆连同印刷厂、编译所等商务产业统统毁于日军炮火。

挨着涵芬楼书店是灿然书屋（王府井大街36-1号），这是中华书局读者服务部，主营中华版图书。书店名以新中国成立后中华书局第一任总经理金灿然先生名字命名。这栋大楼原先是商务和中华共有，所以，这两家书店也紧挨着。中华后来搬到六里桥了，大楼归商务独有。中华书局在今六里桥办公区还办有一家书店叫伯鸿书店（太平桥西路与太平桥西里交叉口西50米），店名源自中华书局创办人陆费逵（字伯鸿）。

再往南一个路口，天伦王朝酒店东侧，商务还打造了一个新的复合文化空间涵芬书院，偏重会议、读书会、阅读活动等相关功能，整体格局高端大气，区域分割科学合理。门口一排“汉译名著墙”亮瞎人双眼。

继续南行就是王府井步行街了。王府井东安市场曾是北京著名的书肆一条街，有几十家旧书店连成一片的旧书长廊，民国时期在京文人多有逛东安市场旧书肆经历，很多人写有回忆文章和买书琐记等。东安市场书市一直延续至上世纪八九十年代，当代很多文人、学者在回忆起北京的书市文化和购书记忆时，还总是不忘东安市场的淘书经历。

如今王府井步行街已是纯商业街区，旅游观光购物的场所，仅有国有的两家书店王府井新华书店和外文书店还在，淘书之于王府井几乎无迹可寻。

建议绕开人流拥挤的步行街，右转进入南河沿大街，穿过长安街进入正义路。正义路上，有一家人民法院出版社旗下的法观书店（东交民巷与正义路交叉口北 100 米），临街一排小楼看起来很高级，店内以政法类图书为主。

穿过前门东大街，进入草厂三条，沿着胡同一直走，注意右手边，会突然冒出一片公园，名为三里河公园。这片胡同景观很是奇特，像一块飞地，小桥流水像江南小镇，惊讶于喧闹前门一带，还有如此幽静、纯朴的胡同景观。春风习习（长巷五条

Page One 北京坊店一角

19号3栋1层）就坐落在小河边，这是一家会员制杂志图书馆，购会员票后，可以在店内闲坐看杂志，享受小桥流水的阅读时光。

改造后的胡同景观有些陌生，但也不失味道。逛一圈后，从长巷头条出来，从鲜鱼口进入前门大街。明清两代，正阳门外前门大街及大栅栏周边地区是京城主要的商业、娱乐、文化区，成为老北京历史文化的重要载体。随着商业地产化，前门大街区域被改造为新形态的商业体，适应目下的旅游需要，但焕然一新的街区少有让人感受到历史的沉淀和文化的气息。

北京坊街区有一家颜值很高的Page One书店（北京坊东区E1号楼1—3层）。这家门店，店内设计和格局可谓顶级，现代感的书架设计和整体布局，处处体现经营者的用心，从四周窗户可以望到正阳楼城楼和箭楼。书店和古建的完美合体，到这里拍照打卡是很多人来此书店的理由，在越来越追求颜值的书店时代，背景化了的书店，如何能引领读者，成为阅读主场，还有很多值得探讨的地方。

离开北京坊，穿过煤市街，可以去一条很文艺的小胡同杨梅竹斜街，民国时期，这是一条著名的文化街，有很多出版社和书店，如世界书局、中正书局、开明书局、广益书局、环球书局、大众书局、中华印书局等六七家书局，也是民国文人聚集的地

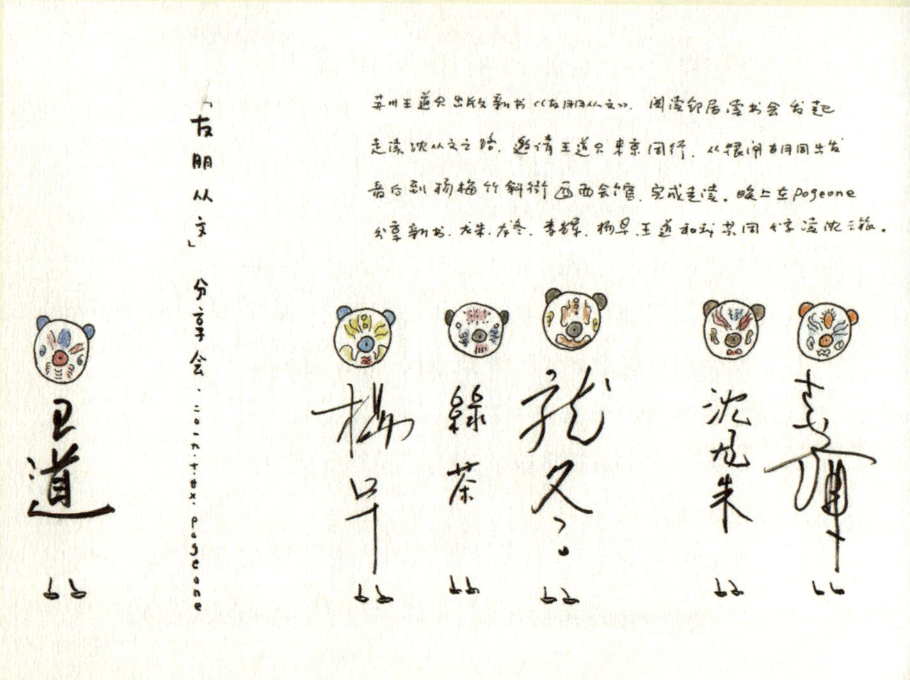

《友朋从文》分享会在 Page One 北京坊店举办

方。沈从文来北平北漂，第一站就落脚杨梅竹斜街61号的酉西会馆。

进入斜街不远，有一家模范书局（杨梅竹斜街31号），这是一栋保存较好的民国建筑。老板姜寻是收藏家、设计师，选书很讲究，店内还有不少自己制作的文创、笔记本等，书店很民国范儿。模范书局在北京目前有四家店。

胡同内仍保存有完整的青云阁后门，门上有“青云阁”石匾额。青云阁是清末民初北京高级综合商业娱乐场所，与劝业场、东安市场、首善第一楼并称为老北京四大商场，是文士、官员、商贾、贵胄的消遣之所。民国文人梁启超、鲁迅、梁实秋、沈从文、徐志摩等都喜欢来此饮酒享乐。

杨梅竹斜街西头，有一家小小的子安藏书票馆（杨梅竹斜街148号）。这是藏书票收藏家子安先生的小店，店内有他收藏的世界各地精美的藏书票，看看很享受的，书票爱好者更是不能错过。

再往西走就进入琉璃厂东街了，琉璃厂是北京最著名的书街，缘起于明代，兴盛于清代和民国。清乾隆年间，藏书家李文藻撰有《琉璃厂书肆记》，记录明清两代琉璃厂书业繁盛景象；民国初年，藏书家缪荃孙补撰《琉璃厂书肆后记》，在李文藻所记基础上，新增和补记了清中后期的琉璃厂书业情况；民国年间，琉璃厂书店经营者、藏书家孙殿起撰《琉璃厂书肆三记》，止于1940年；孙殿起外甥雷梦水又续《琉璃厂书肆四记》，记1940年至1958年公私合营前之琉璃厂书肆。此“书肆四记”详细记录了琉璃厂200多年书业史，让人无比羡慕那个书业繁荣的时代。

如今琉璃厂，仅剩下中国最大的古旧书店中国书店的多家分店。第一条路线，我们就停在琉璃厂，从曾经的繁盛到今天的仅剩，也可谓是中国书店史的真实写照。

北京书店
漫游骑行

书店漫游团
在春风习习前合影

与书友漫步
三里河公园

三联韬奋书店（北京）

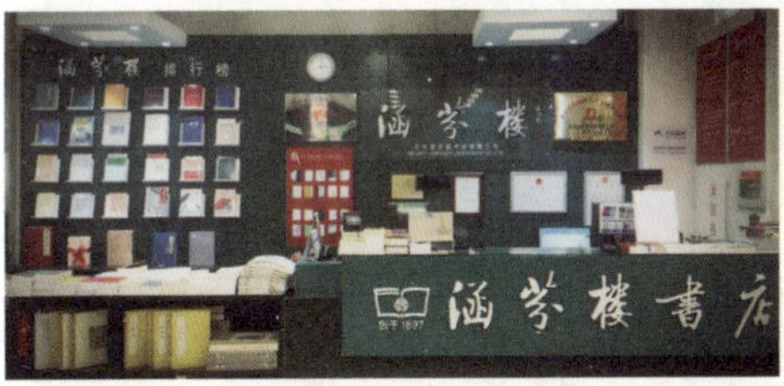

涵芬楼书店

小众书坊

雍和书庭

Twelve Moons

模范书局

子安藏书票馆

北京济安斋书店

青云阁

模范书局 · 诗空间

路线二 | 模范书局到彼岸书店

这一趟书店之旅从模范书局 · 诗空间（佟麟阁路 85 号）开始。书店开在中华圣公会教堂旧址里。该教堂于清光绪三十三年（1907）由英籍主教史嘉乐建造，为当时华北地区规模最大的基督教中心教堂。把教堂改造为书店，西方有很多案例，被誉为全球最美书店之一的天堂书店（Selexyz Dominicanen Bookstore），就是一家已拥有 800 年历史的多米尼加教堂改建而成，位于荷兰南部城市马斯特里赫特。在中国，这是首例，2019 年开业的上海思南书局·诗歌店也是由一家东正教教堂改建而成的书店。

模范书局 · 诗空间集书店、咖啡馆、展览、沙龙空间于一身，创办以来举办了很多人气很旺的落地活动。我曾和旅英作家恺蒂、书云，新加坡藏书家许忠如先生等朋友来参观，想在这里举办一场“藏书家沙龙”，他们都感叹于这家书店之精美。期待疫

佟麟阁路58号，是中华圣公会
教堂旧址，现改造为模范书局
诗空间。把教堂改造为书店
在西方颇有传统，在中国这是首例。
这是目前中国最美书店无疑了。
特速写一则。——绿茶
模范书局

模范书局 · 诗空间

情之后，一场中外藏书家间的交流能在这家最美的书店展开。

沿着佟麟阁路北行，紧邻长安街就是著名的三味书屋（复兴门内大街20号），这是北京甚至中国最早的民营书店，成立于1988年，今已30多年。1986年，李世强、刘元生夫妇任性地想开一家书店，教书的老刘从学校辞了职，木材厂老李也放弃了国营职工饭碗，他们变卖家产，又把身边朋友借了个遍，揣着十几万满京城找房子，终于在长安街西单地界找到一处砖木结构的房子，一通折腾，老屋变成了书店。1988年5月18日，三味书屋开业，京城的文化人几乎都来了，第一家开架个体书店从此诞生。如今，三味书屋已门庭冷落，但这家书店的存在就是中国民营书业的活历史，店内的书更新频率也不快，但30多年的沉淀在这里有时间的见证，有一种无形的思想气场，这不是一般书店能有的精神气质。我时不时会来转转，或者找老李老刘夫妇聊聊天。

从三味书屋出来，到西单路口过地下通道，沿西单北大街北行，至砖塔胡同，抬头会看到一座塔，这个塔叫万松老人塔，始建于元代，是一座密檐式砖塔，清乾隆十八年（1753）重修，现塔为1927年北洋政府交通总长叶恭绰等人重修。

塔院内，现为正阳书局（西四南大街43号）。这是一家北京主题书店，北京史、地方志、掌故、民俗、

三味书屋

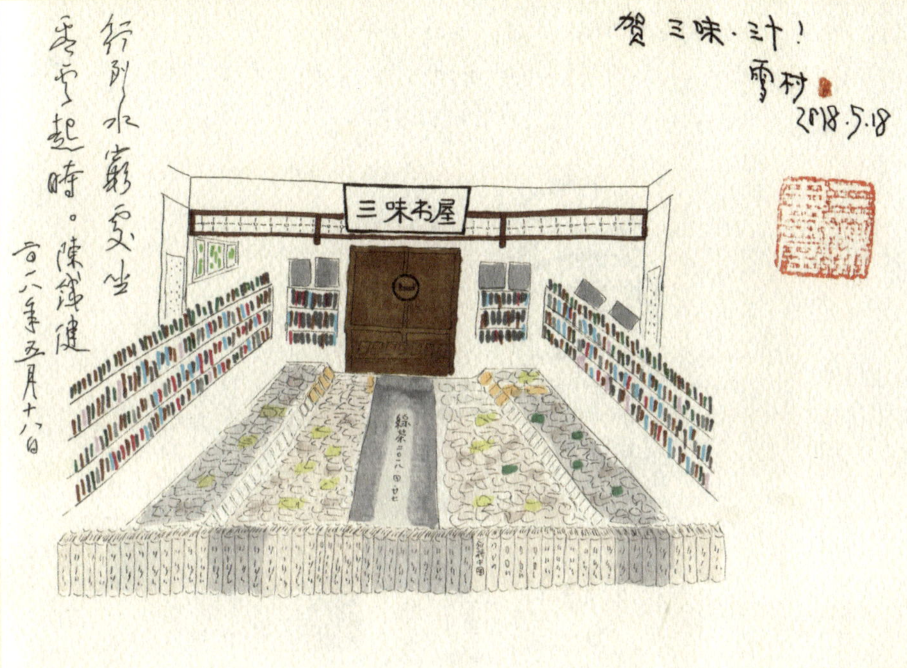

三味书屋内景

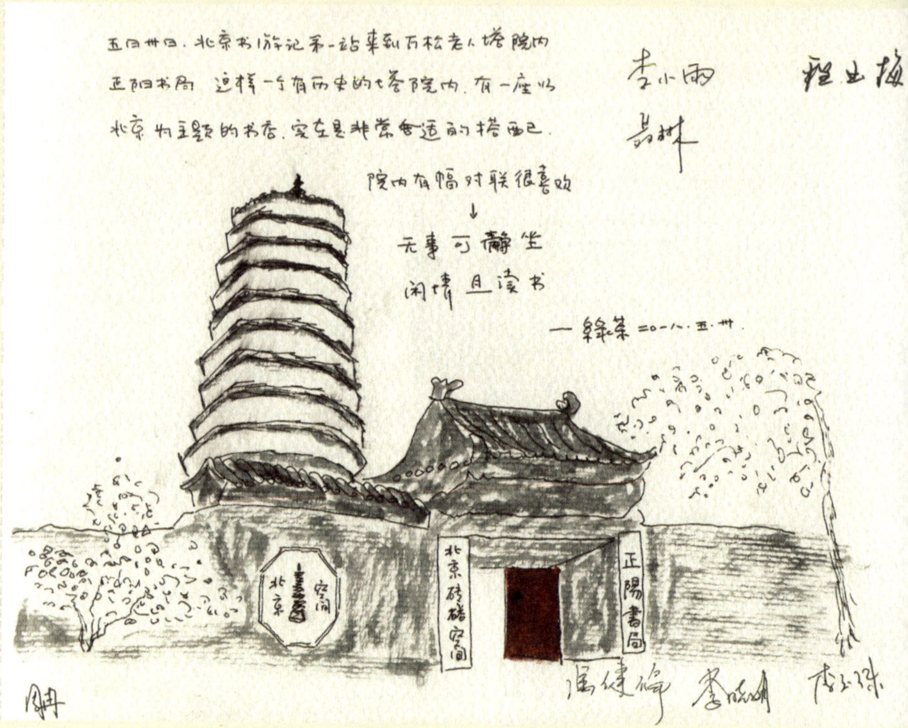
五月廿日，北京书游记第一站来到万松老人塔院内
正阳书局 这样一个有历史的塔院内，有一座以
北京为主题的书店，实在是非常合适的搭配。
院内有幅对联很喜欢
无事可静坐
闲情且读书
北京砖读空间
正陽書局

正阳书局

地图等等品类齐全，也是一家很有特色内容的书店。

塔院对面是红楼公共藏书楼（西四南大街和砖塔胡同交叉口东南 50 米），从 70 多年历史的红楼影院改造而来。藏书楼保留有很多老建筑结构，在此基础上改造为集藏书、沙龙、咖啡、展览等为一体的阅读空间，并有几万册丰富的藏书，还有一些相关专题的收藏和藏书名家的特藏等。

下一处定位北师大，北师大东门斜对面有一家著名的人文社科书店盛世情书店（新街口外大街 6—11 号）。这家书店低调而任性，在这片已经立足很多年了，此间经常听到关门的消息，但至今依然好好地开着。挨着高校的书店，总有一种独特的生存模式，因服务于大学里的老师和学生，自然也能赢得师生们的爱护和青睐。海淀高校区的书店，大多都有这种特点，包括著名的万圣书园。

这条线路最后一站，我们来到牡丹园的彼岸书店（牡丹科技楼 A 座）。在一个科技园区内，彼岸开了十多年，店内营造出的那种年月感已经很浓。每次来，如果你看到店里有个人在换个灯泡，修个桌椅，扎个钢丝什么，那肯定是创始人纳木。这是一位被开书店耽误的手艺人，然而，这么多年下来，他已经把开书店当作他的手艺——这门手艺真是不简单，是个巨大坑，掉进去就只能继续往下挖，挖更深的坑。总有一天，他会挖到彼岸。那应该是一个书的理想国。

正阳书局

红楼公共藏书楼

三味书屋

模范书局 · 诗空间

彼岸书店

鲁迅书店

参差书店

路线三｜参差书店到前流书店

成府路是“宇宙中心”五道口的主干道，东头从学院路开始，西头截止北大东门。连接了北大、清华（及五道口金融学院）、北语和地质大学，还有附近的林大、农大等，高校林立自然也商业繁荣，可喜的是，如今已逐渐形成一条书店街。

本次路线从参差书店（华清商务会馆 1107-C）开始。一直有书店情怀的八月姑娘任性地在五道口核心区华清商务会馆 11 层租下一个房间，开办了参差书店，挨着书店的不是理发馆就是按摩院，这一层形成了真正意义上的“全身按摩”，从头到脚以及精神。书店不大，品种却不少，因为有主人的悉心呵护，呈现出一副很温馨的书店画面。八月姑娘每个月的书店日记更是满满对书店的爱，对自己选择这个职业的敬业态度，我想，八月经营这家小书店一定很辛苦，但那种幸福感也是强烈的。

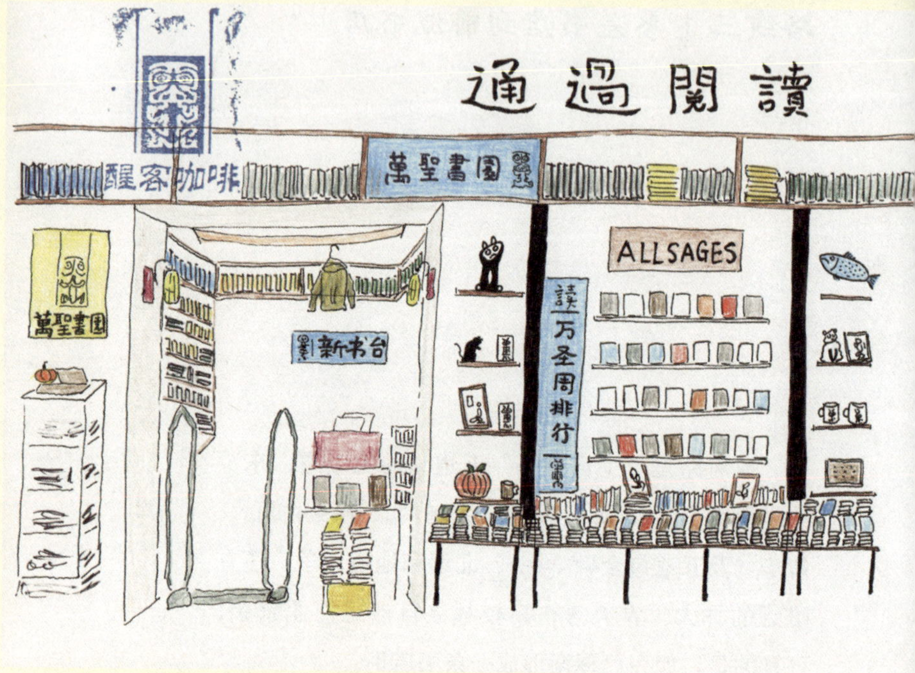

万圣书园

沿着成府路西行，首先到成府路的精神高地，北京最具地标意义的万圣书园（成府路53号2层）。从早期的成府街到现在的成府路，万圣在北大清华之间构建出来的思想场域非常强大，也是周边不同类型小书店汇聚的基础。

来到万圣，你就知道书店所具备的气场和精神意义，哪怕你明知道网上买书更便宜，你都忍不住要在万圣乖乖掏钱。我从上大学开始，就是万圣的常客，那时候，万圣书园在北大小东门外的成府街，这条小胡同是连接北大和清华以及北大教工宿舍燕东园的通道，万圣书园在胡同里落脚之后，这条胡同也随之文艺起来。北京第一家雕刻时光就开在离万圣不远的地方，那些年，这家雕刻时光也是我经常流连的地方，很多电影大师的艺术电影都是在雕刻时光看的。

雕刻时光隔壁后来又开了一家户外主题酒吧——那里。那些年我也玩户外，有时候和驴友们聚在那里酒吧，分享旅途上的感动与刺激，还有那些美轮美奂的风景。

不久，又一家小小的独立书店——蓝羊书坊也在成府街一角开业。这家小书店专注音乐和电影，老板很文艺，我经常去书店买打口带，时间一久就熟了，他进到好的唱片会给我留一下。

几年后，北大东门外平房全拆完了。万圣从成

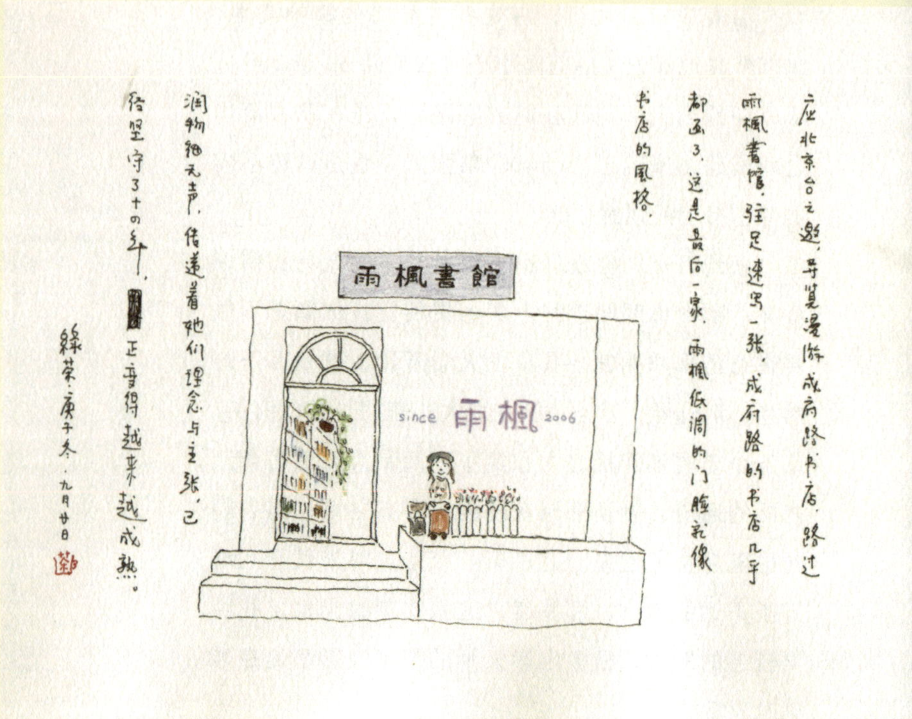
应北京台之邀，寻觅漫游成府路书店，路过
雨楓書館，驻足速写一张，成府路的书店几乎
都画了，这是最后一家，雨楓低调的门脸就像
书店的風格。
润物细无声，传递着她们理念与主张，已
经坚守了十四年，正变得越来越成熟。
綠茶 庚子冬 九月廿日
雨楓書館
since 雨楓 2006

雨枫书馆

府街迁到成府路，名字很像，其实是从一条小胡同迁到一条大路上。地方变大了很多倍，地标意义也越发凸显。“通过阅读，获得解放”，这是万圣传递给我们的阅读立场，我们每次来到万圣，都能感受到这股气息，以及万圣排行榜上那些很硬很诱人的书单。

挨着万圣几步远，是女性主题书店雨枫书馆（成府路 69 号），这家书店小小的门脸，夹杂在周边的服装店中，也许会不小心错过，以为是一家卖女性服装的店。雨枫书馆在北京已有很多年头，并且开出有很多分店，探索出一条独特的书店运营模式。

再往西走几步，在一家地下超市旁，有一个角落是野草书店（成府路 117 号），这家书店原来开在北大校园里，后来几度搬迁也落户成府路。野草主要经营出版社的库存书，价格比较优惠，人文社科类图书比重较大，慢慢淘，还是很有惊喜的。

野草书店出来，过天桥到马路南，是一家二手书店豆瓣书店（成府路 262 号）。这是一家小小的二手书店，老板夫妇曾是风入松书店员工，后来独立创业办了豆瓣书店。这个小小的书店曾经历了好几次起落，终于，在万圣斜对面坚强地活了下来，以经营人文社科二手书为主，有心的读者在这里好好淘书，总会有一些收获。

和豆瓣同一排楼的西头，是一家儿童书店——

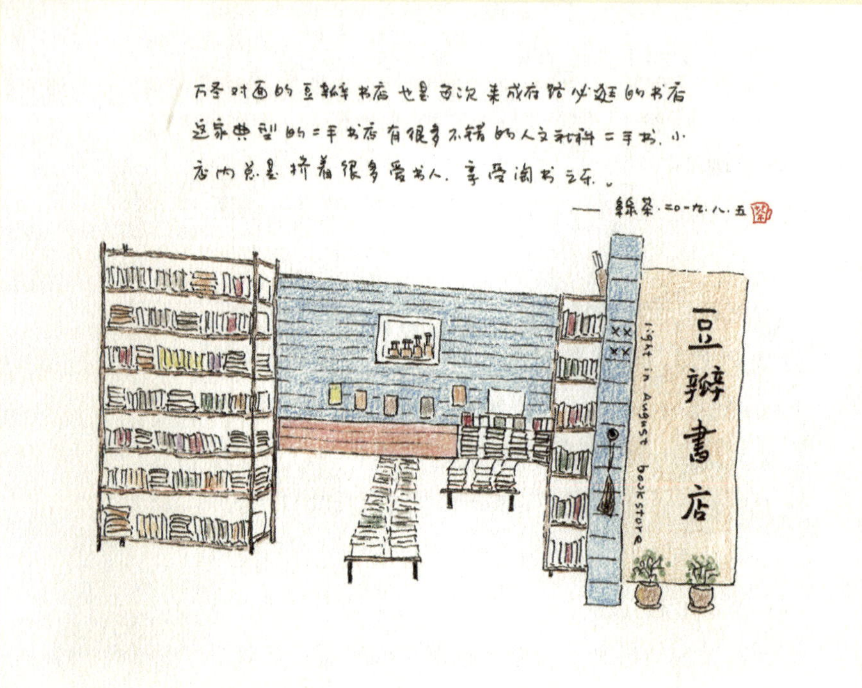
万圣对面的豆瓣书店也是每次来成府路必逛的书店
这家典型的二手书店有很多不错的人文社科二手书，小
店内总是挤着很多爱书人，享受淘书之乐。
—— 緑茶·二〇一九·八·五
豆瓣書店
light in August bookstore

豆瓣书店

老友方韶毅陪女儿来京游玩 昨天一起去了布衣 今天来成府路逛书店.
万圣 豆瓣. 墨盒子. 他们在逛书店. 我在门口速写一张墨盒子. 这
是一家有些年头的绘本馆. 也主力做美术培训及相关。
—— 绿茶 · 二〇一九.八.五
墨盒子
MO_BOX BOOKS . LIFE 绘本書馆
墨盒子

墨盒子绘本书馆

墨盒子绘本书馆（成府路288号），这个绘本馆有年头了，门口的绿植让人很有亲近感，店内的格局非常适合小孩子们来玩来看书。他们多年来开展儿童美术培训和游学，受周边北大清华家长们欢迎。

逛完墨盒子，眼前有两条路。一条继续往西到北大东门，如果能进北大，北大里还有几家书店可以逛。北大45楼地下有两家书店，老牌的博雅堂书店，主营社科人文和传统典籍；另一家叫前言后记，是一家面向学生、可以借阅图书的书店。北大西门外的畅春园，还有一家很小很低调的斯多格书乡，这家隐藏在畅春园一个超市旁边的书店，已经有18年历史，北大周边之所以吸引人，就是有这些不起眼，但很有格调的地方。

另一条，斜插过去，走清华南路到清华西门，沿着路再往北几百米，有一条水木胡同，胡同口就是一家二手书店，叫前流书店（水磨新区3号）。书店也有些年头了，店内积攒的旧书非常丰富。这是一家可以静下来安心逛逛的旧书店。2019年底，苏州王道兄来北京，我们又一起去逛了一次，却没想到那天是该书店关门前的最后几天，我们扫了一通货，均有所获。几天后，这家书店就告别这个胡同了。

最后，我想延伸一下。挨着前流书店是一家蓝羊咖啡，以前这也是一家书店，叫蓝羊书坊，就是前面提到开在成府街万圣书园不远的那家独立书店。

有一次来单向街最早的圆明园店参加一个书的活动，偶然在路边发现蓝羊书坊的小招牌，进入一看，果然是原来那家小书店，老板也没换人。记得当时我们相认并回味了一下。这么多年过去了，再次来到这里，蓝羊书坊已变成蓝羊咖啡，老板也换人了。

疫情，让很多书店面临经营上的考验，等稳定之后，我会再重走一趟这条书店路线，希望这些书店都还安好。

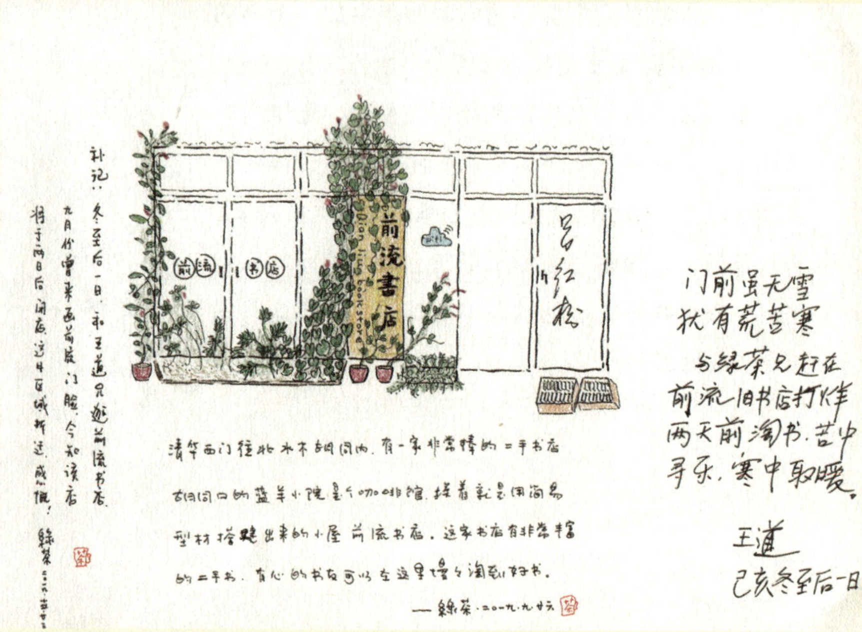
前流書店
清华西门往北水木胡同内，有一家非常棒的二手书店
胡同口的蓝羊小院是个咖啡馆，接着就是用简易
型材搭建出来的小屋前流书店。这家书店有非常丰富
的二手书，有心的书友可以在这里慢慢淘到好书。
——綠茶·二〇一九·九·廿六
补记：冬至后一日，和王道兄逛前流书店。
九月份曾来画前流门脸，今知该店
将于两日后闭店，这片区域拆迁，感慨！
綠茶 二〇一九·十二·廿三
门前虽无雪
犹有荒苦寒
与绿茶兄赶在
前流旧书店打烊
两天前淘书，苦中
寻乐，寒中取暖。
王道
己亥冬至后一日

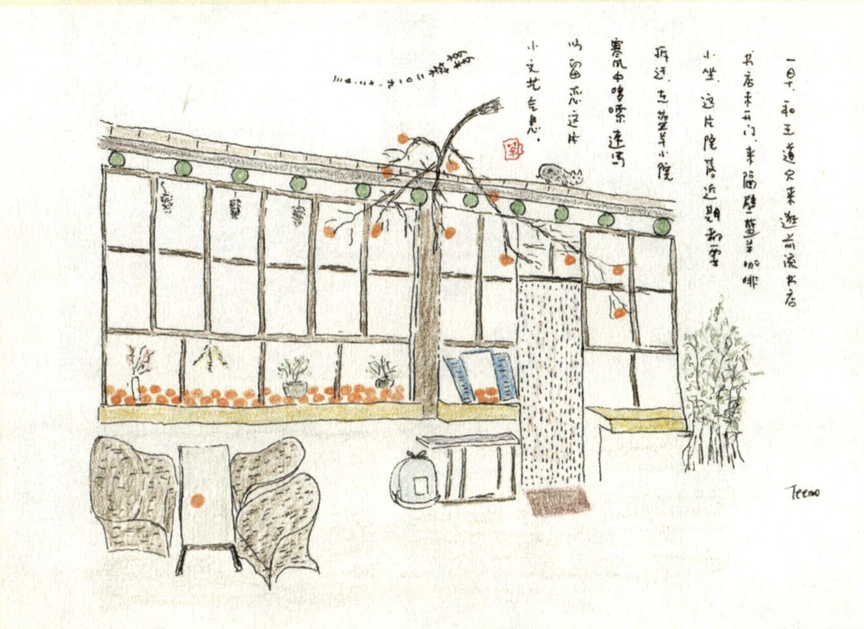
一日午，和王道只来逛
书店未开门，来隔壁蓝羊咖啡
小坐，这片院落近期要
拆迁，去蓝羊小院
寒风中哆嗦速写
以留恋这片
小文艺气息。
Teemo

蓝羊咖啡

前流书店

蓝羊小院

博雅堂书店（北大店）

前言后记（北大店）

斯多格书乡（邱小石 摄）

万圣书园

豆瓣书店

墨盒子绘本馆

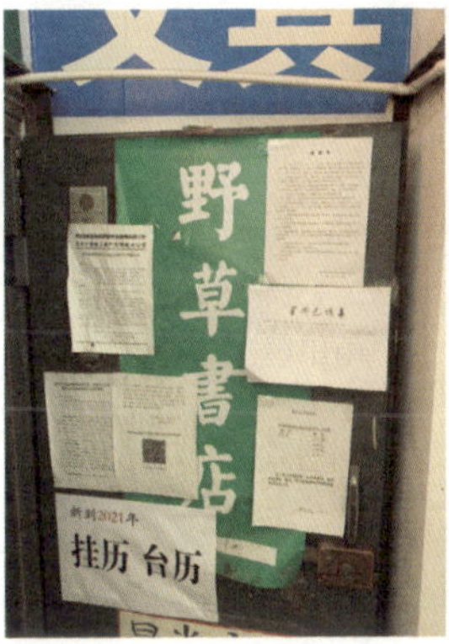

野草书店

雨枫书馆

书·茶

海淀图书城

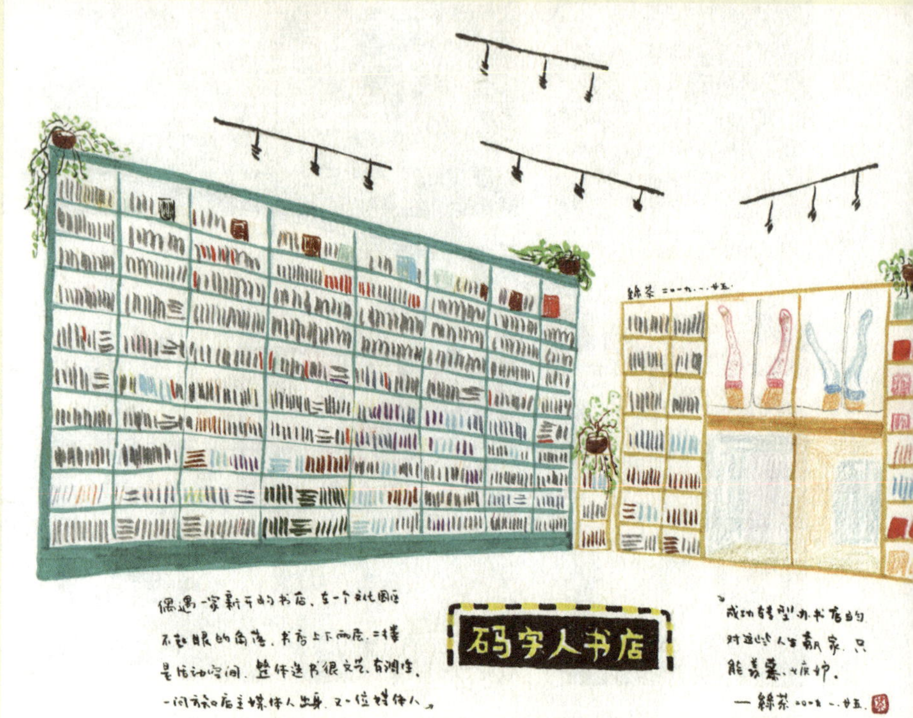
偶遇一家新开的书店，在一个文化园区
不起眼的角落。书店上下两层，二楼
是活动空间。整体选书很文艺、有调性。
一问才知店主媒体人出身，又一位媒体人
成功转型开书店的
对这些人生赢家，只
能羡慕、嫉妒。
——綠茶 二〇一九.一.廿五.
码字人书店

码字人书店

路线四 | 码字人书店到老书虫

这次从码字人书店（和平里北街6号院内15号楼一层）开始。码字人是一家刚开了两三年的书店，但北京的文艺圈差不多瞬间就知道了这样一家书店，其频繁的文艺活动真是铺天盖地而来，老板苏皖媒体人出身，非常热衷做各种诗歌、戏剧和观影活动，并且在书店导演了好几场浸入式话剧。

书店新开没多久就闻着味去了，果然很对味。店堂的格局、色彩和选书都很对味，而且每次去都有变化，空间有效性和利用率都堪称完美。我忍不住画了一张速写，苏皖小姐看到也很喜欢，给做了一张藏书票，这是我的书店小画系列第一张藏书票。

从码字人到东直门不远，骑个单车，先到当代MOMA，这里有一家库布里克书店(当代MOMA内)。这家2001年始创于香港的独立书店，2010年登陆北

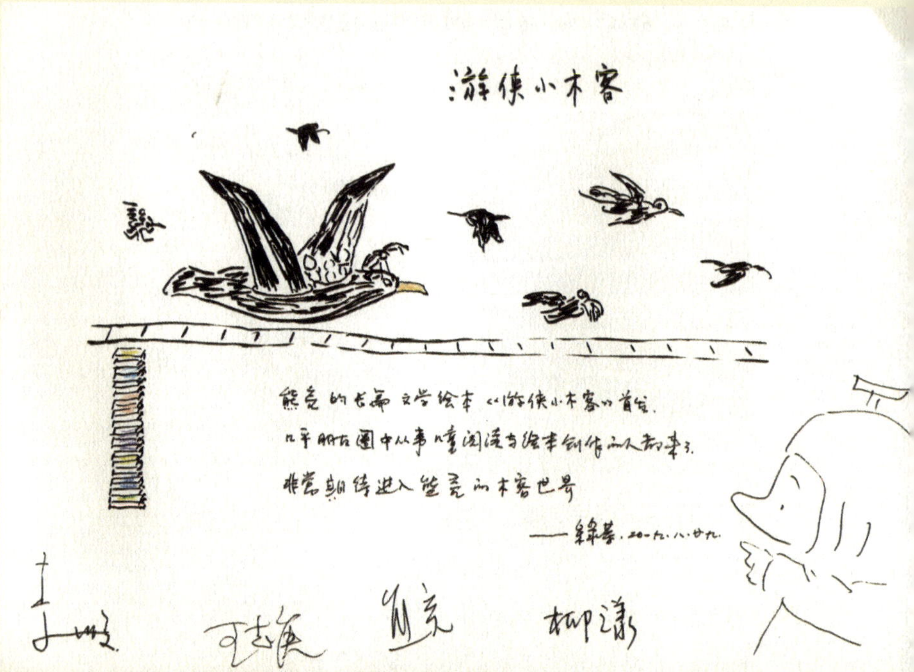
游侠小木客
熊亮的长篇文学绘本《游侠小木客》首发，
几乎所有圈中从事儿童阅读与绘本创作的人都来了。
非常期待进入熊亮的木客世界

《游侠小木客》新书发布会

京与杭州，是一家个性鲜明的书店，书店选书非常有品，且电影类图书全面，用电影大师库布里克为店名，可见店主对电影的喜好。

东直门斜街56号文创园内，开有一家由新书店（东外斜街56号文创园A座110），老板应是创投圈的人，突出商业和互联网属性，选书一看就是那些成功人士的菜，店内空间很大，还有很多空间可能是用来谈投资或路演之用。这个园区内有个小剧场，我先后好几次来参加过活动，比如熊亮新书《游侠小木客》。还有一家出版公司果麦，也在园内。

再骑车往亮马桥方向走，可以去中信书店启皓店（启皓大厦一层西门处），这是中信书店北京旗舰店，线下活动很频繁，在中信老楼京城大厦对面。逛完书店还可以在亮马河畔散散步，北京城内这样的舒服步道不多。

然后，沿着三里屯路一路往南，先到三联韬奋书店三里屯店（北三里屯43号楼底商）。这家店非常值得好好逛逛，有三联的气质，又加入一些新的时尚元素。在三里屯商圈，有一家这样人文气息浓厚的书店，的确是非常必要。

再去春风习习朝阳城市书屋（北三里屯36号）。之前我们去过春风习习三里河店，那是一家小小的纯杂志店，而这家书店则加入书的部分，以生活美学为主题。

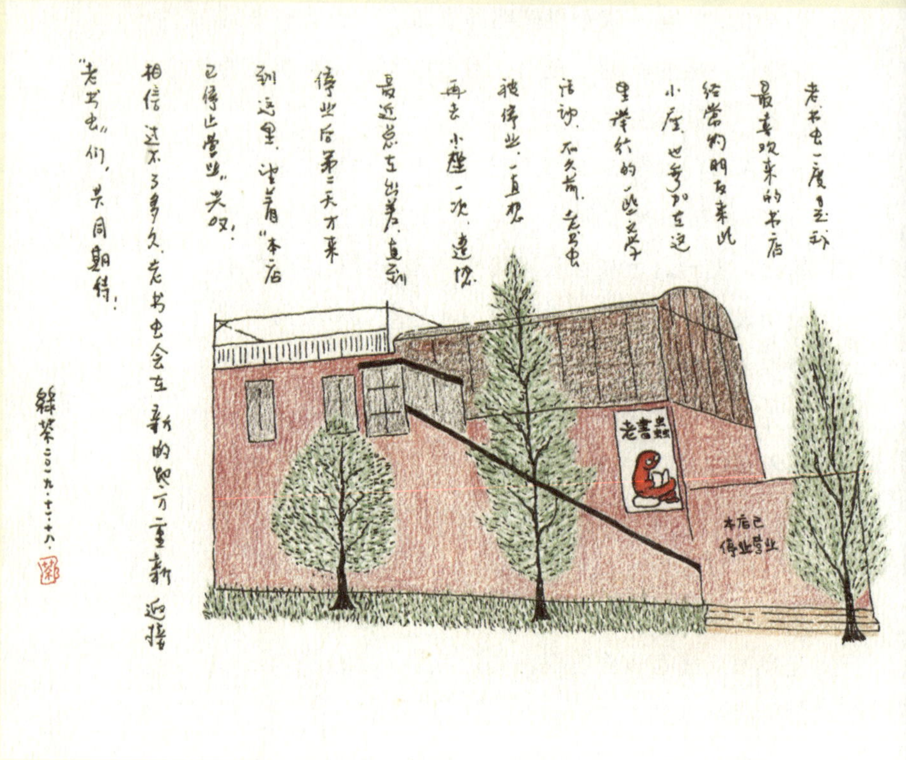
老书虫一度是我
最喜欢来的书店
经常约朋友来此
小座，也参加在这
里举行的一些文学
活动。不久前，老书虫
被停业，一直想
再去小座一次，遗憾
最近总在出差，直到
停业后第二天才来
到这里，望着"本店
已停止营业"，叹叹！
相信过不了多久，老书虫会在新的地方重新迎接
"老书虫"们，共同期待！
绿茶 二〇一九·十二·十八
老書蟲
本店已

老书虫外景

还会路过 Page One 三里屯店（太古里南区 S2-14），有空也可以进去逛逛。还有一家连锁的言几又书店（三里屯通盈中心一层），在三里屯南街的通盈中心，也顺带逛逛。

逛下来发现，三里屯商圈分布着风格不一的 5 家书店。最后一家就是曾入选过好几个“全球十佳”或“全球二十佳”书店榜单的老书虫（三里屯南街，通盈中心对面）。

遗憾的是，2019 年老书虫因为租约到期停业了。听到这个消息很多人都很震惊，这家老外开的书店，已经成为爱书人特别习惯的去处，突然消失不免让人遗憾。据说老板正在寻摸新的场所，但赶上疫情，新的老书虫开业可能有点遥遥无期了。

老书虫歇业前几天，我刚好在外地出差，没能有机会最后再去坐坐。关门歇业后，有一天我路过，停在路边画了一张老书虫那座独特的褐红色小楼，以为纪念。

书店漫游团在老书虫楼梯前合影

Page One 三里屯店

三联韬奋书店三里屯店

码字人书店（和平里北街店）

码字人书店（王府井店）

小书店
见证
大时代
由新
YOU THINK
COFFEE
FRESH JUICE
SODA WATER

由新书店

库布里克
KUbrICK

库布里克书店

布衣暖 菜根香 读书滋味长，布衣书局门眉上这句话深得我心。
每次来布衣书局，内心平静，心情舒畅，爱书之乐在此得以体会。
—绿茶 2019.7.5.
布衣暖 菜根香 读书滋味长
布衣書局
139

布衣书局

路线五 | 布衣书局到杂书馆

最后这条线路有点长，建议开车或坐地铁。全程从南往北走。

我们从平乐园的布衣书局（平乐园宏久商务楼B座）开始。恒安中医院东边小路进来，眼前是按摩院和澡堂，也许你会越走越心虚，这什么地界啊，但请放心，走到头往右一看，就看到布衣书局低调的门脸了。

局长胡同先生每天都在书店里迎来送往，很多书友莫名而来，也有朋友来喝茶聊天，还会有一些作者来签名。胡同都笑脸招呼，颇有民国老店主的风范。北京旧书店不多，布衣书局这个线下店是为数不多值得逛的北京旧书店。

疫情期间，平乐园这家布衣书局已经搬迁到高碑店。局长胡同又在东城区南阳胡同的南阳共享际新开了布衣古书局，这是疫情期间书店业最令人振奋的消息，看着胡同每天在朋友圈晒古书局里的人来人往，热闹非凡，很是替他高兴。等过段时间也去坐坐，或许可以再画一张布衣古书局。

平乐园往北一站九龙山路口，有一个新开的商场叫合生汇，场内有一家中信书店（合生汇内），有兴趣可逛，觉得已经逛过中信书店的可以忽略。

下一站，我们去通惠河北路多抓鱼二手书店（电影产业园内）。多抓鱼原是线上二手书平台，也是我清书的主要阵地之一，做得很成功。不久前，在多抓鱼办公区开了线下二手书店，海量的多抓鱼二手书，可以亲自去抓了，值得去过瘾一下。

2020年，多抓鱼又在上海开了一家线下书店。

大望路SKP，四楼有一家很高级的书店RENDEZ-VOUS（建国路87号），主理人是原来时尚廊书店老总许志强。书店里有大量原版书和港台书，还有很多生活方式方面的书。逛商场累了，在这样一家书店坐坐，喝咖啡聊天是很舒服的体验。这里也频繁举办各类新书活动，唯这个活动空间独立性不强，活动时或常走神，或别的因素干扰。

沿着大望路继续往北，去甜水园图书批发市场（甜水园北里16号楼）。这个市场早些年非常红火，是书业重要的风向标，那时候我在金台路上班，经常去逛，是了解书业动态最重要的场景。那些市面上大热的书，这里表现更明显，一车一车往外拉。一些大的书店和中盘，甜批里的店也非常好，零售价格也很低，在还没电商的年代，只有这里可以享受很大的折扣优惠。

从甜批绕着过朝阳公园可以到蓝色港湾，那里有一家西西弗书店（朝阳公园路 6 号），有兴趣可去，没兴趣可以直接杀到 798，这里有两家书店值得去逛。

比较老的是旁观 · 书社（798 艺术区东街拐角），在 798 一个重要的十字路口，位置很好，人流很大，斜对过就是 798 打卡胜地火车头。在喧闹的 798，有一家安静的书店，一直旁观着这个商业艺术区的变化，也是非常感人的。

另一家是新开的佳作书局（酒仙桥路 4 号，比邻蜂巢当代艺术中心）。我原来特别喜欢央美对面那家佳作书局，新开这家增加了一些体量，除了专业的原版艺术书之外，还加入了中文版艺术书籍。

佳作书局是个有故事有历史的书店，简单说是这样的：1942 年，一个犹太人在上海开了佳作书局，二战后，这个犹太人到了美国芝加哥，书店就落户芝加哥了。几年前，一个中国人在芝加哥买了这家书店，然后开在北京，现在，北京两家店，芝加哥那家店也在。

最后一站，也是我带大家逛的最后一家书店——杂书馆（红厂设计创意产业园内），位于北京偏东北，地铁 15 号线马泉营站出来，骑单车可到。江湖纷传的高晓松杂书馆，其实是他参与的书馆之一，还跟

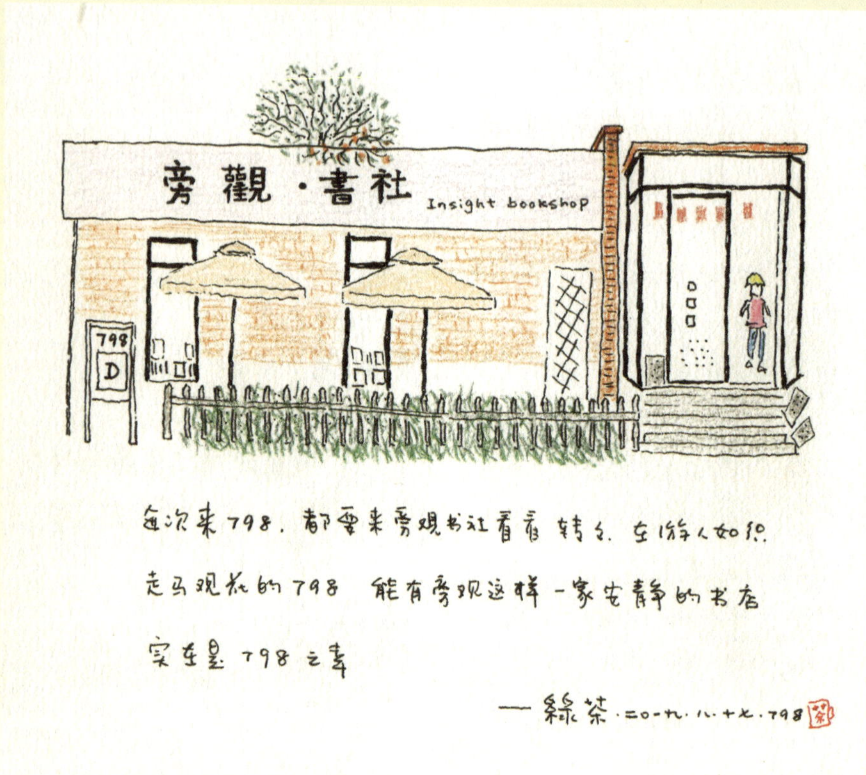
旁觀·書社
Insight bookshop
798
D
每次来798，都要来旁观书社看看转转。在游人如织
走马观花的798 能有旁观这样一家安静的书店
实在是798之幸
——綠茶·二〇一九·八·十七·798

旁观·书社

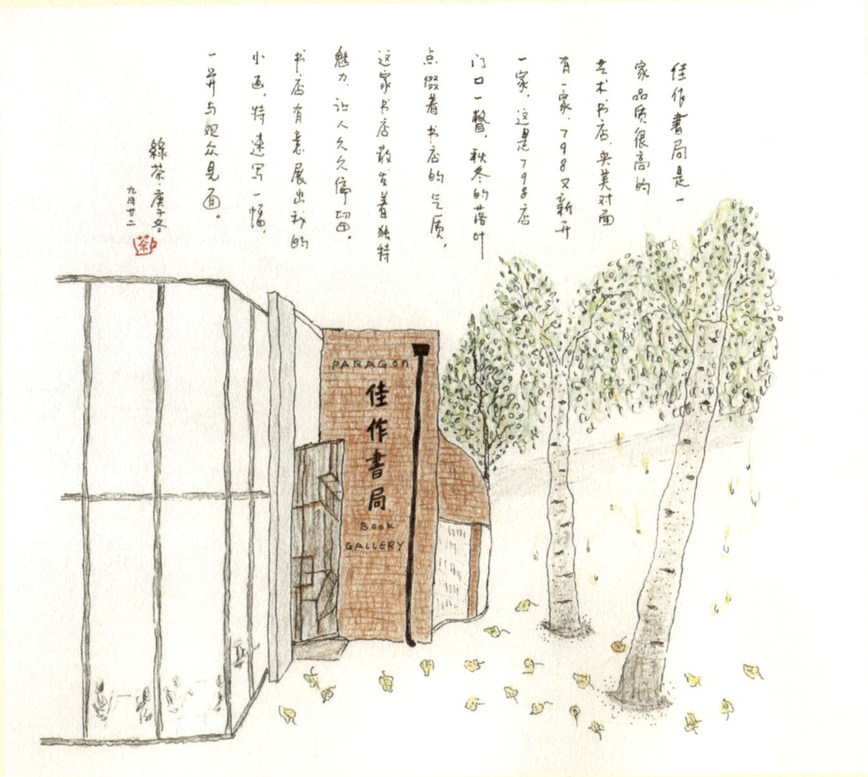
佳作書局是一
家品质很高的
艺术书店，央美对面
有一家，798又新开
一家，这是798店
门口一瞥，秋冬的落叶
点缀着书店的气质，
这家书店散发着独特
魅力，让人久久停留。
书店有意展出我的
小画，特速写一幅，
一并与观众见面。
綠茶 庚子冬
九月廿二
PARAGON
佳作書局
BOOK
GALLERY

佳作书局

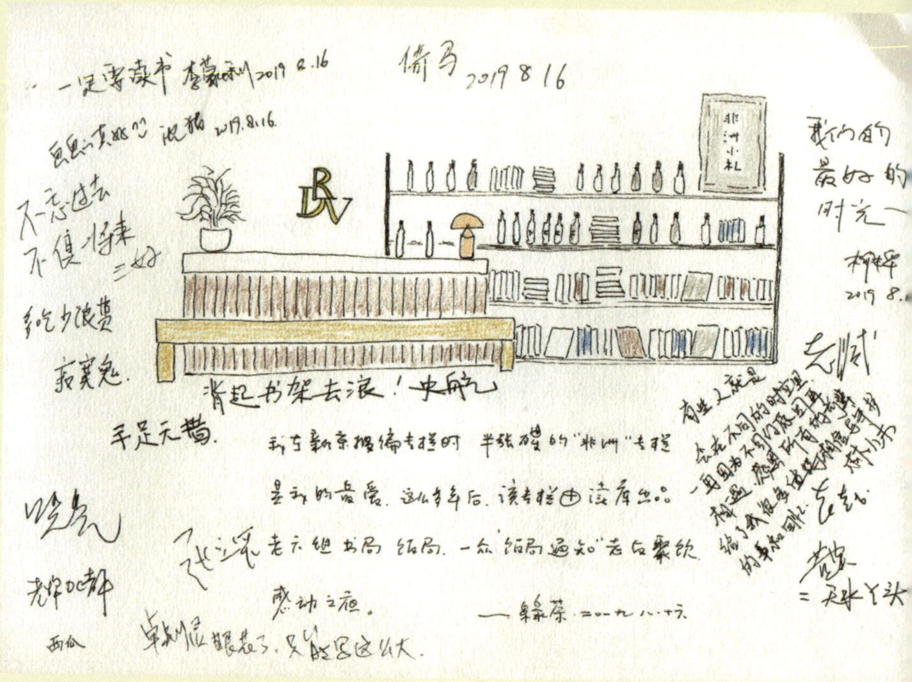

2019 8 16
一定要读书
非洲小札
我们的最好的时光
不忘过去 不惧将来
背起书架去浪！
手足无措

他有密切关系的是朝阳大悦城里的晓岛。杂书馆真正的主人是一位藏书家，他还是孔夫子旧书网的创始人。

能看到的杂书馆，只是孔夫子图书馆很小的一部分，但在杂书馆看书真是非常不错的阅读体验，有品种丰富的各时期图书和杂志，比在国有图书馆看书更自由轻松得多。如果能有幸进入老板的藏书楼，看上万种民国杂志创刊号、名家手札及各类主题收藏，更会惊得目瞪口呆，中国的私家收藏竟如此规模。

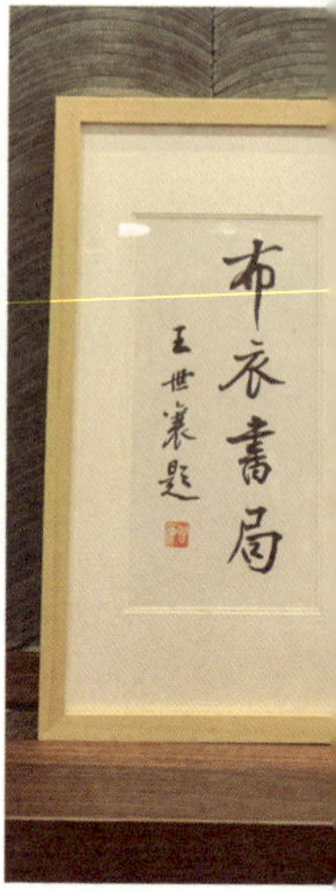

布衣书局（古书局）

布衣书局（老店）

杂书馆

旁观·书社

佳作书局（798 店）

晓岛

蒲公英童书馆

单向空间（北京・朝阳大悦城店）

上海三联书店 READWAY（北京・朝阳大悦城店）

多抓鱼
（北京店）

冯骥才先生可谓是「书世奇人」，他的书房有多处，
我只去过天津大学冯骥才文学艺术研究院这处，
这里有他十几万种藏书，分布在不同的空间，供学生们
阅读，去年参加冯骥才「记述五十年」研讨会，得以
见识冯先生在学院里的各种宝贝，
和大量藏書，其
中他自己写的和
编的书占满满一大
书架，我画的这
只是他众多书房
空间的一个小角落，
冯先生最新作品
《书房一世界》中，
他说："生活的一半是
情感的，书房的一半
是精神的，情感升华
了也是一种精神，精神
至深处又有一种情感。
所以说，书房里是一个世界，一个自己的世界，又是
一个放得下世界的世界。」
绿茶·庚子春二月廿九

冯骥才书房

天津书游记

天津历来有着浓厚的书香氛围，劝业场、古文化街、沈阳道等区域一直旧书业繁荣。加之民国年间有张伯驹、周叔弢等大藏家居于天津，更是引来众多藏书业者齐聚。著名藏书家韦力先生也曾居天津多年，看他的访书记，有很多关于天津的访书记忆。

荷兰屋图书馆

天津书店之旅从老牌独立书店天泽书店开始，这家书店始创于1999年，已有20多年历史。书店位于士英路与霞光道路口翠泉别墅内，来得比较早，书店门口的停车位刚好空着。坐在车里，书店的门脸很吸引我，一块红色的书店招牌嵌入墙中，旁边是翠泉别墅24号铭牌，有几片树叶吊在眼前。天泽书店半开着门，像是刚刚睡醒。

进入店堂，门口挂着几幅书店俯瞰手绘，非常喜欢这种画书店的手法，可惜自己不会。墙上还挂着一张著名的《废墟上的阅读者》明信片，这张照片太著名了。1940年10月22日，英国伦敦肯辛郡，有一座叫“荷兰屋”的图书馆几乎被炸成废墟，在废墟中，有三名绅士在静静地读书，这三位读书人，向我们展示了某种信念的存在。

天泽的选书和分类很专业。除了必要的文学、历史、社会、哲学等大分类外，还有民国、大学、传教士、书店、书话等小分类，更有一些名作者的专架，如藏书家韦力专架。在不大的店面里，做到如此精细的选书，实属不易，这就需要经营者对书店有合理的取舍，哪些书必选，哪些书必不选，我从天泽的选书，能看出经营者对书籍的态度和对文化的执着。秉持这样的选书标准，也就保证了天泽的品位和气质。

在天泽书店，买了《中国历史纪年表》《中国历代年号考》《中国地名史话》等几本小书。

第二站来到南开大学西南村 7 号楼 2 单元 106 室的荒岛书店。2010 年，几位志同道合的爱书人，抱着文化的情怀开了这家荒岛书店，一度经营困难，濒临关门。后来有更多爱书人加入成为股东，让这家小书店维持至今。如今，十年生涯的荒岛书店，基本已走出经营的危机。

说到荒岛书店，早在上世纪 30 年代，青岛就有一家著名的荒岛书店，民国时期在青岛的文人几乎都是荒岛书店的常客，老舍、王统照、沈从文、臧克家、萧红、萧军、黄宗江、王亚平等等。作为青岛的文学中转站，荒岛书店为这座城市的文学黄金时代留下了鲜明的印记，直到 1937 年落下帷幕。2009 年，荒岛书店旧址被拆除。2016 年，青岛文化热心人士修方舟在老舍故居附近重开荒岛书店，复活了这一文化老字号。之后，又在沈从文故居对面开了一家荒岛书店，我去过这家书店，在后面的《青岛书游记》中会介绍这家书店。

都叫荒岛书店，都很有自己的个性。天津荒岛书店，有点像在台北和香港逛过的一些独立书店，在普通居民楼里，很狭小的空间，有浓浓的书香，有新书、旧书还有喵星人。店员都是学生模样，很羡慕他们年轻生动的样子，也难免回想自己曾是大学生时的店员生涯。

书店的确很小，陈列的书也不多，但我总是喜欢这样的淘书之乐，可以扫遍店中所有图书，反而能找到一些自己心仪的书。在一个不起眼的书架上，有一些旧书歪歪扭扭地立着，一本本翻过，买了丁东的《精神的流浪》，李辉的《恩怨沧桑：沈从文与丁玲》，姜德明的《辅助美育：听姜德明说书籍装帧》《金台小集》，蓝英年的《被现实撞碎的生命之舟》。这些旧书不是非买不可，但在这样的小小独立书店撞见，却非买不可。

荒岛书店一角，还有一些免费报刊。其中一本《小黄书——2018 天津趣味生活指南》，收录有天津文艺、美食、民宿等信息，其中“天津书店地图”一栏，提供了详尽的天津书店信息，正好是我书游记的重要参考。另有独立音乐和唱片资讯杂志《唱片日常》，以及店内独有的荒岛小报，均由荒岛同仁手绘印刷。

我一向认为，这些免费报刊是独立书店重要的组成部分，为逛店者带来意外的惊喜。逛日本的书店，这类免费报刊特别普遍，台湾、香港也是。

拐了很多路，才找到天津著名的跨界书店。然而不巧，这家书店已歇业，门口贴着告读者：跨界书店将升级为“无边集”，迁址至五大道香港路 20 号一栋民国小洋楼。

PS：2019 年 4 月，无边集于天津市和平区香港路 20 号重启，新开张的跨界书店更加跨界，集合了书店、视角咖啡、赫柏花艺等相关元素，为文化空间注入更多有趣的主题。如今，跨界书店无边集已是天津又一个不得不去的文艺打卡圣地。

开车去大悦城的路上，偶遇楚雄路上一家很小很小的楚雄旧书店，是店主住家接出来的一个小店面。店主很热情，我们聊了一会儿。店主说，市政正在改造这爿店面，店内所剩图书不多。在有限的两个书架翻了翻，顺手拿两本小书。一本王强的《书之爱》，有签名，时间为 2002 年 9 月 23 日。书中最后一篇《购书日记选》选登了 1997 年王强购书日记，一个书虫在三味书屋、万圣书园、爱知书店、韬奋书店、二酉堂等书店淘书，这些书店也是我经常流连的地方，那种淘书者的姿势和默契，看这些文字是感受得到的。另一本是美国扒粪文学代表人物辛克莱的《屠场》，看资中筠先生文章多次提到这本大作，买来看看。

大悦城有一家守望者书店，在五楼骑鹅公社内，很小的一家。店内选书偏文艺，但特点不太突出，还有一些唱片。这样一家略显小众的书店，开在商场里，经营压力应该是不小的。

整个下午，都在天津古文化街逛，这里还有几家旧书店值得一逛。

首先去孔夫子名店阿秋书屋。这个旧书店书很多很杂，各种类型的书、画册、笔记本都有，像是一个以书为主的文化杂货铺，我把两个屋子粗略扫了一遍，没找到想要的东西。再仔细翻腾一下，最后买了一本《渤海鱼类生物学》，关于海洋生物的书一直很喜欢。还有一本 1988 年编的辅仁大学校友通讯录，粗粗翻了一下，有一些名家在里头，一并拿下。

准备离开时，在书架某角落发现三本素描本，两本大开本，一本小开本。大开本写着“温州市雪山纸业有限公司”，小开本写着“温州市大千纸业有限公司”。我想象着，这几册素描本的主人会不会是温州老乡呢？当然，也可能只是温州生产的素描本。分别打开翻了一遍，都是素描练习图。其中小开本里有很多幅小渔船速写，这个看起来更有点像温州老乡的速写了。

不多考虑，买了这三本素描本。

跟阿秋的老板聊了一会儿，他说阿秋书屋已经在这里十多年了，以前古文化街有很多书店，现在越来越不好做了，纷纷关门，所剩已经不多了。如今房租越来越贵，好书越来越少，来买书的人也日渐减少。刚聊了几句，有位老先生拉着一包书给老板看，我也跟着看了看，基本是一些老干部的政治学习书。老板说这些书现在越来越没人买了，只收了一两种，剩下的老先生又拉走了。

接着，我去老板说的另几家书店逛逛，这一片叫文化小镇，每周六有旧书市场，平常只有几家临街的书店开张。首先经过一家叫老贾书屋，专营小人书，店门口挂着老板老贾和崔永元的合影。老贾人很热情，迎我进去坐会儿，聊聊天。老贾本是天津古籍书店的工作人员，因为热爱小人书，开了这家老贾书屋，也有十多年了。他说小人书是几代人的记忆，全国各地都有经营小人书的从业者，彼此有很密切的互动，也为这项事业感到充实。

临街的旧书店非周六也会把书摆到街上，更多的书都捆在一起，估计是周六再拆开。我粗略数了数，这片街区大概还有六七家书店。万盛古旧书店、金稻书店等等。

逛完这一片书店，天色已晚。天津书游记小有收获，但还有多家书店没来得及逛到，下次再找机会逛蚂蚁与海洋书店、牛子牛书馆、天津古籍书店、春雨艺术书店、阜通书肆、蔷之屏书店……

没想到第二天，在天津大学冯骥才文学艺术研究院内，还有新的惊喜。大冯老师这个学院建筑设计得太漂亮了，处处显示着高级的美感，尤其“冯骥才记述文化五十年国际学术研讨会”现场——大树书屋，更是美轮美奂。四周围成一圈的书架，上下两层，书架上的书更是讲究，文学、艺术、民俗、画册、经典、全集等等，如此书香浓郁的场景，让开会都不觉得是个差事。

我喜欢在开会现场画速写，并请与会者签名，这部分作品将来可结集为一本小书，名《茶画会》。

大树书屋

冯骥才文学艺术研究院大树书屋.

图 —— 冯骥才论述文化五十年国际研讨会

堂. 一次生动丰富的文学沙龙.

富。 —— 绿茶 二〇一九.五.九.

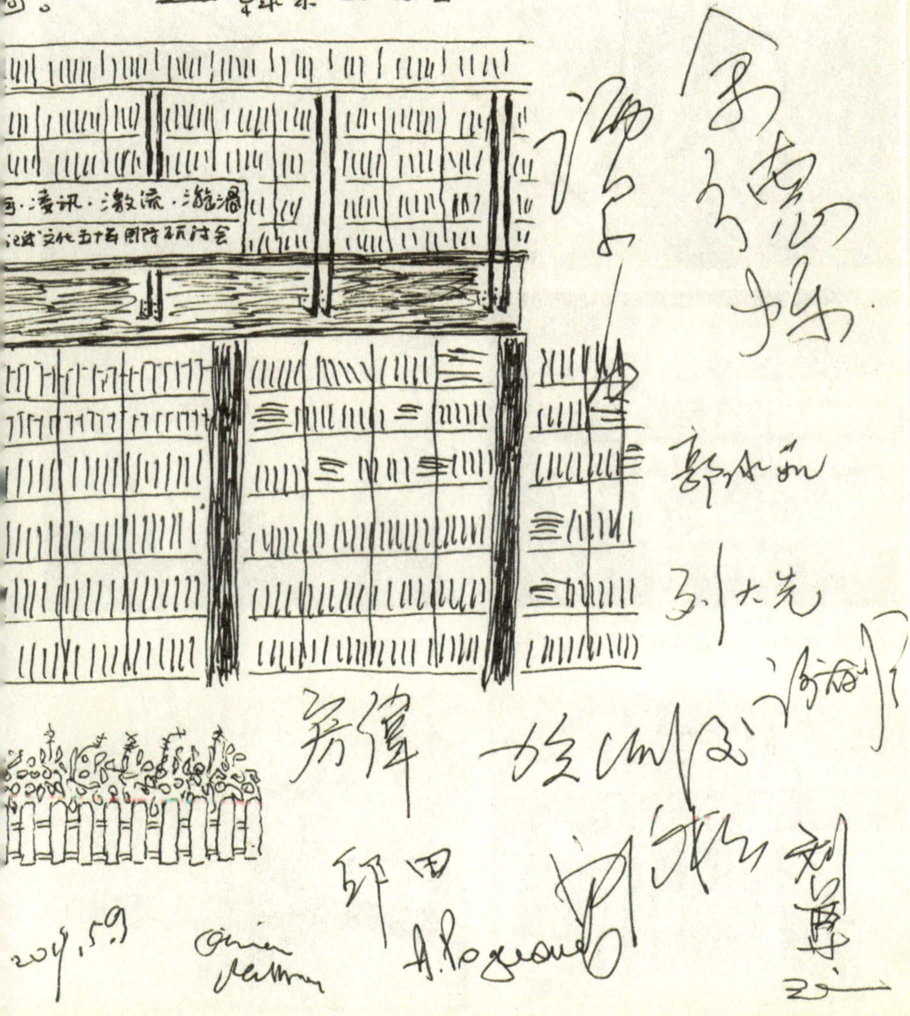

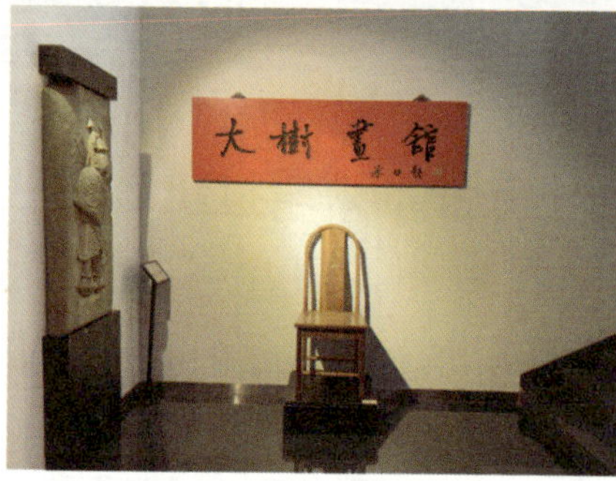

天津大学冯骥才文学艺术研究院的大树书屋、大树画馆等

跨界书店

守望者书店

天泽书店

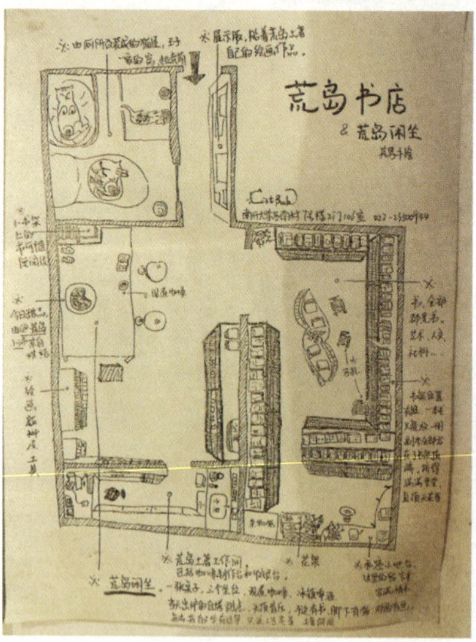

荒岛书店

天津古文化街的书店

上海旧书店
和王道兄相约逛上海旧书店，这是一家
传有百年历史的旧书店。我来时王道兄
已买了大包书，我则匆匆速写就赶
下一场了。
綠茶 二〇一九.十一.廿

上海旧书店

上海书游记

这些年，每次来上海都逛一些书店，先后走过几十家，但上海书店太多，不可能一一细数。本文仅在上海绍兴路一带逛了一些旧书店。不久前，复旦旧书店要闭店的消息惊动书友圈，更让人进一步思量，旧书店在城市里的作用与价值。

短短几百米的绍兴路，既有上海新闻出版局这样的机关，也有上海人民、上海文艺、上海文化、上海音像这样的出版单位，还有《故事会》这样曾经火遍中国的杂志社。

在陕西南路、绍兴路丁字路口下车，从西往东逛，第一家店在94号，书店叫明室，是一家艺术主题书店，也有文学、哲学等相关书籍。可能来早了，94号大门紧闭。后来知道，这一带的旧书店基本都是这种模式，半开放，需要打电话预约，而且多数下午才开门营业。

看到对面27号汉源书店已经开门，就先进到汉源逛。这家书店很有名，摄影师尔冬强创办，店内书不是很多，咖啡和座位不少，一早几乎已经坐满人。里面有个小屋，收藏展示着很多牌匾。买了一本波德里亚的《游戏与警察》，这本书开本很舒服，粉色、长条，单手可握读。

PS：自 1996 年创办以来，汉源书店已经成为绍兴路上一道独特的风景，2017 年 12 月，汉源书店绍兴路店宣告结业，这家书店见证了绍兴路 21 年的文艺进化史。

汉源斜对面 80 号，有一家小书店叫诗集。这家店命运坎坷，以前叫“开 · 闭 · 开诗歌书店”，就像名字一样，书店保持着开闭开的状态，《开 · 闭 · 开》是以色列诗人阿米亥的诗集，这家书店用这样一个名字，体现了他们对诗歌主题的坚持。如今改名叫诗集。打电话预约，店主说下午开门。

继续往东逛，52 弄 3 楼 C 座有一家书店叫 MEPHISTO，凑近才看到门上贴着 MEPHISTO 字样，也是房门紧闭。试着按了门铃，店主开了门，我不好意思地问：“可以参观吗？”店主说：“随意。”就这样闯入书店，像进入一个私人书房，有点不太敢东张西望。

这的确既是旧书店，也是店主的书房，他们一家都住在这里，卧室、厨房、卫生间、书房一应具有。和店主聊天，店主名鲁毅，以前开过书店，后来做媒体，聊起来才知道我们彼此有很多共同认识的朋友。

这里旧书和其他一些旧物不少，需慢慢淘。后来淘了一本常书鸿女儿常沙娜的素描本，已经很旧，封皮还有点要掉，但素描本里有几幅常沙娜素描手稿，画得真好，忍不住拿下。后面都还没用过，我以后还可以在这个本子里画画。能和这样一位艺术大师在同一个素描本上画画，想想也暗喜。还淘了一本《中国佛学人名诸宗师承传表》，也很珍贵。

PS：2017 年，MEPHISTO 搬迁至上海原法租界核心地带的康绥公寓。这是一幢建于 1932 年的商业大楼，主体为早期现代派风格，局部融合了装饰艺术派风格。

梅菲斯特，来源有两种：一为古希伯来文，意为"破坏者"；二为希腊文，意为"不爱光的人"。

除了是一家独立古旧书店，MEPHISTO 还是一家 b&b。如果你对读书以及其他文化艺术活动感兴趣，来上海的时候不妨选择住在 MEPHISTO，这样，书店就是你的大客厅，你可以买书、看书、饮茶、喝咖啡、聊天，参加书店的各种交流活动。

从 MEPHISTO 出来已是午后，步行到复兴中路的复兴坊，犀牛书店就在这弄里，犀牛在弄里 37 号，费很大劲终于找到。这也是一家命运曲折的书店，先后搬了好几个地方，搬到这里时间不长，目前这个地方很小，只有一个正方形斗室。仔细翻了一圈书，收获了一本好朋友父亲的诗集，雁翼《拾到的抒情诗》。

逛完犀牛，在思南一带吃了点饭，又回到绍兴路，再探访上午错过的几家书店。先去了 80 号的诗集，已经开门了。探头探脑进来，小小的书店里有两男一女，其中一哥们在弹吉他，我以为他们是朋友聚会，小声问：“可以进来逛吗？”“可以可以。”店主问：“你是上午打过电话的吧。”“嗯呐！”

听着吉他声，淘着书。这里不单有诗集，各类文学书均有，虽然在密麻麻的书堆中淘出好书挺难的，但淘的过程很快乐。最后淘得一本《寸纸留香》，这是一本国家图书馆整理的西文藏书票图录。

就在我们准备离开时，另一家书店会饮的老板来找诗集老板吃饭，问我们要不要去会饮看看，然后，告诉我们大门密码：“你们自己 DIY。”走到东头 16 号，按照密码取了钥匙，开门进去上二楼，掀开帘子，有个老外躺在沙发上。这家书店可以住宿，老外可能是今天的住客。打了招呼后，老外继续抱着电脑看电影。书店名字来自柏拉图《会饮篇》，我在书架上看到很多本商务汉译名著《会饮篇》。

从会饮出来天已全黑，逛了一天有点累了。还有最后一家书店小亚细亚想去，走路大概要十几分钟。到永康路 142 弄 54 号的小亚细亚。老板吴志超清瘦，长发，书呆气，是媒体人。认识后就开始海聊。媒体人和爱书人高度重合，沟通零障碍。这家书店也可以住宿，书店在一楼，二三四层都可以住，有 4 个房间。

从 7 点聊到 11 点，反而没时间好好淘书，匆匆淘了几本，有《马王堆汉墓帛书古地图》、孙机《中国圣火》影印本、雅各布斯《伟大的街道》等。然后，一起去附近一个小海鲜夜宵继续聊，吃完告别时已经过了零点。

这一天的书店之旅愉快而匆忙，收获了一些好书，认识了一些书店朋友。非常建议去上海的朋友去绍兴路逛逛，这里有一些爱旧书、有坚持的人。

尾声：很多年过去了，如今的绍兴路书店生态什么样，已经不太清楚，如果有机会去上海，还会再去绍兴路回顾一下，看看这些书店是否安在。这些年里，频频听到上海各种类型书店新开的消息，很期待再来一次上海书店之旅。

不久前，又听说上海书友们非常喜爱的复旦旧书店即将闭店的消息，很多书友和复旦大学教授都感叹和惋惜，这家旧书店的命运如何？牵动着书友们的心，期待全社会给予旧书店更多的关照，给爱书人多留一方享受淘书乐趣之所。

犀牛书店

MEPHISTO 书店

汉源书店

明室书店

会饮书店

诗集书店

小亚细亚

大夏书店

华东师范大学的校园书店

祥麟书苑

衡山·和集（夏佳俊、田方方 摄）

鲸字号

多抓鱼（上海店）

上海博古斋
（王道摄）

上海旧书店
（王道摄）

复旦旧书店
（王道摄）

纯真年代书吧 位于西湖边宝石山上。
拾阶而上，稍稍有点累时，抬头可见一座
独特的建筑，这就是纯真年代书吧！
——綠茶·己亥夏
纯真年代

杭州书游记

杭州美景似天堂，借着差杭之机逛了杭城书店。规划了两条路线：一为古旧书店，有沈记古旧书店、南华书店、通雅轩古籍书店等；二为独立书店，有晓风书屋、纯真年代书吧、两本书店、麦家理想谷等。杭州好书店很多，留些念想，下次再来。

住在杭州南山路某胡同里的酒店，步行出来准备打车，却在胡同口巧遇一家书店——南山书屋，我的杭州书游记就从这家书店开始。

南山书屋所在是南山路210号，一栋民国时期的二层别墅，紧挨着潘天寿旧居。书屋由中国美术学院老师设计，古朴中透露着现代气息，还有着浓浓的中国传统艺术味道。

这是一家品类齐全的艺术书店，一楼陈列各类艺术书籍、杂志、画册、文创等，这么全品种的艺术图书，在其他书店很难见到，还有不少中国美院学生的毕业作品及很多艺术展览图册。二楼摆放大部头的艺术画册和全集，也是平时举办“南山雅集”的地方。

逛完书店出来，右侧就是潘天寿旧居，现在是潘天寿纪念馆，免费参观，二楼展厅展有潘天寿各时期代表作品。匆匆浏览一圈，继续我的书店之旅。

杭州书游记，我规划走两条线，一为古旧书店，二为独立书店。

从网上得知，杭州有六七家销售古旧书的书店。第一站先去老牌的沈记古旧书店，在体育馆路天巢花苑小区一楼底商。书店面积很小，有限的空间里堆满了书，淘书的人错身有点困难，很多书摞在一起，翻淘起来有点困难。大致粗览一遍，有兴趣的书不多，但书价也比较便宜，3 元 5 元 10 元居多，还有很多厚厚的画册。我淘了一本《建筑小品实录》，10 元，书内是一些建筑图例，还算有点意思。书店门口有个洗手池，逛完旧书店能洗洗手感受特别好。

沿着体育馆路骑行，南华书店就在马路边商铺，也不大，基本上都是近些年的二手书，还有一些实用类的工具书、菜谱、字帖等，匆匆转一圈，的确找不出一本可以下手的书。准备走时，一位老先生来店，说他手里有一批旧书，问收不收，老板说他们不收书，让老先生去不远处的老沈古旧书店问问。

南华书店斜对面是晓风书屋体育场路店，晓风书屋在杭州已深耕多年，开了很多家店。店内选书很优质，不同区域有很强的功能分配，让人感受到店主的用心和巧思。随手买了一本蒋勋的《手帖：南朝岁月》，因为不久后要去台北，会见到蒋勋，提前读一读他的书。

不久前跟作家张翎一起做活动时，她建议我如果来杭州逛书店，一定要去纯真年代书吧看看。西湖边，北山街，有很多名人故居，纯真年代书吧在宝石山上，沿着石阶而上，刚刚有点累的时候，纯真年代到了。半山腰的这个房子，真是特别适合人们休息、喝茶、阅读。

书吧二楼阳台上，孤山、断桥在树木间隐现，真是一坐就不想动。给张翎老师发过去照片，她说："你终于来了。"并建议我跟主人朱锦绣聊聊，我因为还有后续书游计划，没敢在这里多停留，下次一定约三五好友再来闲坐。后来在北京见到朱锦绣女士，她随《书店风景》作者钟芳玲来京参加活动，见面后才知道，她原来也是温州人，又一位办书店的老乡。

继续沿着北山街前行，宋春舫旧居、史量才旧居等等民国老别墅，还有 1922 年的新新饭店（中楼）。在新新一楼角落，又看到一个晓风书屋，这个店更小，却颇有一点民国风。新新饭店非常舒服，大堂内有饭店历史图片展，浏览一过，知道了一点这个饭店的历史。

——此处旧居为报业巨子、《申报》主人史量才为其二太太沈秋水营建的"秋水山庄"。

从孤山、岳王庙那边穿过去，拐到曙光路，想去浙江图书馆看看。虽然之前已经听说，闻名书界的浙图周末书市不久前已经被关闭，但还是不死心，想去碰碰运气。来到浙图一问，果然是几个月前（G20

之前）已经取缔，估计恢复的可能性不大，后来又在网上看到好几篇怀念这个书市的文章。既然来了，就进去浙图地下一层古籍阅览室看了看，古籍室工作人员可能都去吃午饭了，我一个人在那里翻翻书目卡，过过眼瘾。

两位在杭州工作、生活的侄子来浙图找我，饭后，我们仨一起逛。兜去体育馆路上的两本书店。这是杭州老牌咖啡馆凡人咖啡老板玩的一个项目，玩法是这样的：每两周为一期，邀请一位文化圈的朋友为荐书人，每期推荐两本书，共 20 份，卖完也不增加，没卖完就留下店里。本期推荐的两本书为《南华录》和《赖声川的创意学》。

这个玩法跟我们“阅读邻居”读书会的 DIAO 计划类似，我们每年 50 份，一次性收钱。

DIAO计划是那些年很开心的阅读实验，已停止，期待将来能恢复。

二楼有个小空间，偶尔会办一些分享活动，墙上贴着历次荐书人海报，好多荐书人认识，刘瑞琳、牛文怡、令狐磊、张泉、夏楠等等。本期的两本书我都有，历次推荐的书，也都有，最后买了本期两本，送给侄子俩，他们拿着书和两本书店合影留念。

下一站我们来到通雅轩古籍书店，这是杭城一家古籍和线装书店。书店取名“通雅”，源自明末清初著名学者方以智的著作《通雅》。书店不小，有一二三层，一二层为各类古籍图书，三层为新版线装书。通雅轩选书精良，古籍和书画图书品类丰富，在这片书海中，的确有种抽不出身的感觉。买了薄薄一本《插花》毛边本。

大多数城市的古籍书店，多为国营，像通雅轩这样的民营古籍书店，而且看起来运营良好，的确是非常可贵。韦力兄去每个城市都寻访古籍和旧书店，想必他应该早早来过通雅轩。

接下来的行程小小郁闷。跑去紫荆花路的枫林晚总店书立方，居然赶上升级改造，关门装修。店内一只猫在怒视着我们几位不识趣的客人。然后又去余杭塘路找一家叫杭州书林的旧书店，也是消失无踪，原址现在是一家茶叶店。

第二天一早，去了西溪湿地的麦家理想谷。认识麦家老师很多年了，来杭州怎么能不去理想谷坐坐呢，虽然不劳驾麦家，自己去书店小站片刻也好。从西溪湿地北门进来，看到路牌显示余华、刘恒、朱德庸、赖声川等作家、艺术家都在这带有工作室。走没多远就看到麦家理想谷。

理想谷果然有自己的味道，谷里很多读者在安静地看书，进门需要换鞋或穿鞋套，“读书就是回家”，理想谷给人营造一种自家书房的氛围，这里的书仅供阅读，不卖。二楼还有几个房间，供驻店作家创作住宿。

大老远跑到这边来，我想顺便去西溪湿地另一个创意园区的From余杭融设计图书馆看看。这是一个设计工作室兼图书馆，很多设计师们在一起工作，讨论、交流，馆内有很多他们的设计产品展示，还有很多很多设计、艺术类图书，各种设计独特的产品让人眼花缭乱。

只有我一个人在里头转悠，其他人都在忙着讨论、开会，专心做着设计。我感觉自己有点乱入了，影响到他们工作，但在这样一个设计感十足的机构里，的确想多逛一逛，看一看，欣赏这些美好的设计，以及偷窥他们的工作状态。

杭州还有很多美好的书店，这次来不及去逛了，希望下次有机会再来杭州，进行杭州书游记续集。

From 余杭融设计图书馆

麦家理想谷

晓风书屋体育馆路店

晓风书屋新新饭店店

纯真年代书吧

（Vimi Young 摄）

南山书屋

南华书店

沈记古旧书店

枫林晚 book^3 书立方

通雅轩古籍书店

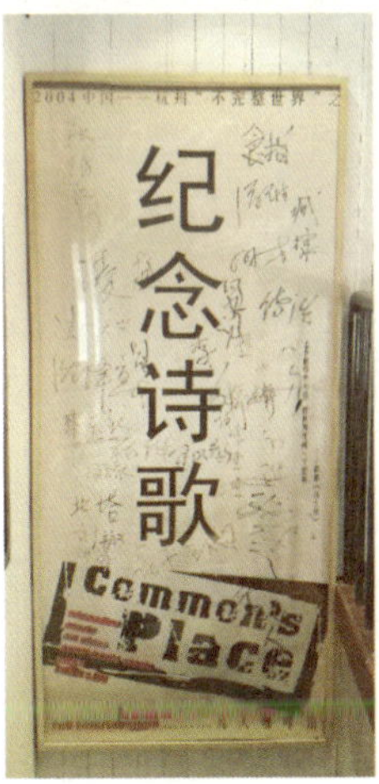

两本书店的留言

在杭州工作的两位侄子
在两本书店前合影

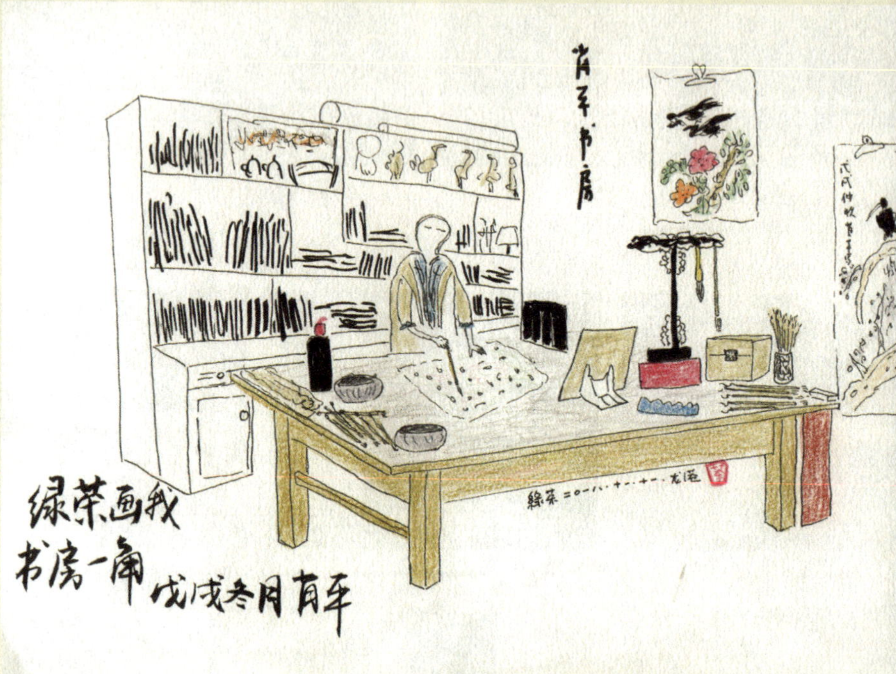
肖平书房
绿茶画我
书房一角
戊戌冬月肖平

温州书游记

身体小恙，回老家修养，于是有了这趟温州书游记。让我意外的是，老家温州有那么多好的书店和文化空间，以及一群热爱乡邦文化的读书人，他们为家乡的文化繁荣奉献和努力着，让我真切感受到故乡的文化之根。

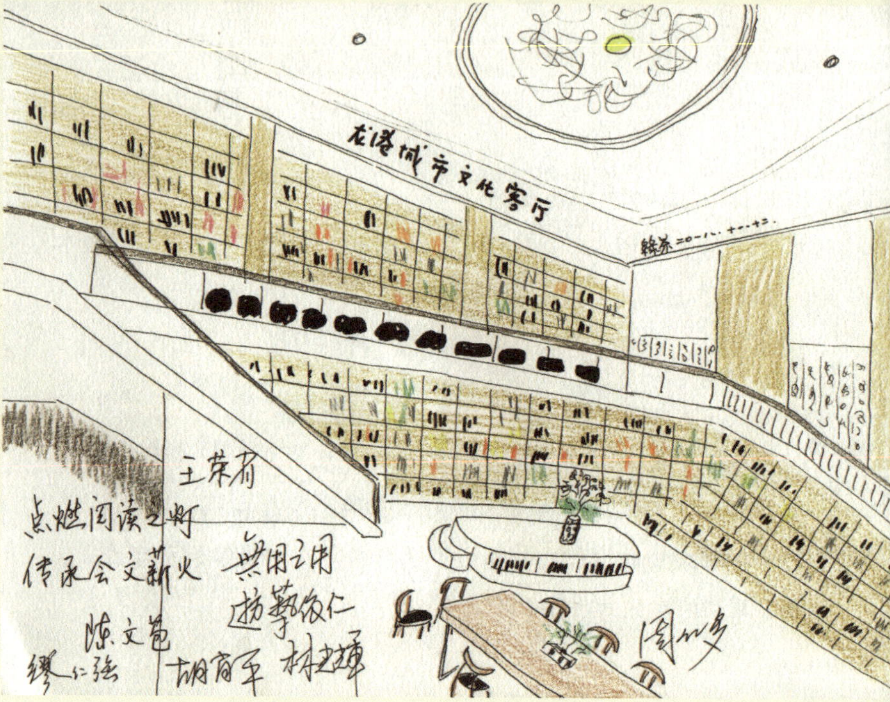

龙港文化客厅

开始，父母不让我出门，怕朋友聚会太多不能安心静养，没几天就待不住了。恰好老友方韶毅来看我，说你老家龙港（我出生在鳌江镇，后来生活在江对岸龙港镇，现为龙港市，乃全国唯一由镇升级为县级市的案例）有一位书友在书圈很有知名度，叫“一万”，要不要去他家书房看看？求之不得，刚好在家待不住了。

“一万”家是典型的龙港住家，一楼出租给别人做包装纸箱，我到的时候，一个年轻人从纸箱间跨出来，虽然从没见过，但眼前的年轻人我断定就是“一万”。

“绿茶兄吗？”

“是我。”

“韶毅兄已经在楼上了。”

我们一起跨过纸箱来到二楼书房，方韶毅正埋

一万书房

头翻书。和一楼纸箱车间不同，二楼书房整洁优雅，三面墙落地带窗书架，中间长条桌上摆着水果、茶。一眼扫去，真是让人羡慕的书房。

“一万”本名章苏凤，是一枚中学老师。早年因为喜欢武侠小说，收藏了大量金庸武侠，国内各种版本，有港台的，还有日本等版本，有一面书架专门存放他的金庸图书。2001 年之后，他的藏书开始转向，从日本购买大量历史、字帖和画册等精品书，以及一些重要的全集。从规模来讲，他的藏书量不算很大，但每部书都用心收集，合理配置自己的收藏。

作为一名普通工薪族，他凭借自己独到的眼光，以书养书，十多年来，逐步优化自己的藏品，目前书房里每一部书都堪称精品。由于时间仓促，没细翻他的藏品，希望下次回老家时，抽时间来他书房好好看书。

在其中一个书架，发现几种韦力的书，其中有我策划的《书楼觅踪》，章兄知道我是策划人，让我在《书楼觅踪》上写几句话，我只好粗陋地写了几句：“回老家龙港休养，在方韶毅兄引领下，幸逛龙港章苏凤见书房，让人大开眼界，小镇龙港居然深藏如此书虫。在章兄书房得见我策划的韦力《书楼觅踪》，特留几句废话。以后回龙港有了一个可以聊书聊天的地方。”

家乡龙港小镇有如此书香宝地，真是让我意外而惊喜。临走时问章兄，可有堂号？他说还没起书斋名，希望我们也帮着想一个好斋名。我提议不如就叫“一万书房”，大有南宋著名藏书家尤袤的“万卷楼”之气势。

随后三人一同去苍南县城灵溪镇。早想去逛一下苍南的半书房，这个阅读空间由苍南几位爱书人众筹创办，书店在一个别墅区的独栋别墅里，门脸不大，但上下三层，整体空间不小。

周功清、黄崇森、陈以周三位书友参与半书房，目前，这个品牌旗下的书店还有温州半书房、衢州半书房和苏州半书房(苏州这家写在姑苏书游记里)。在我逛过的那么多书店里，半书房的格局和格调都算比较突出的，在这片商业之地，能有这样一家文化气息浓厚，选书认真有品质的书店，真是小县城书店的奇迹。他们还从北京、上海等地，邀请资中筠、雷颐、余世存、叶开等名家、学者来做沙龙分享。

闲谈之余，哥几个建议我来他们几位创办的知行读书会做一次阅读分享，于是约定几天后在苍南图书馆跟知行读书会 30 多位书友，进行了一场关于阅读、关于读书会的分享。

龙港、苍南之行让我倍感欣慰，没想到在老家这里，有那么多爱阅读爱乡土文化的书友，他们在自己的土地上坚守文化，坚持一份在老家人看来百无一用的事业。

作为一头北漂，曾经一度很少回老家，每次回来除了和老朋友们喝喝酒，走走亲戚，基本上没地方可去，找不到一点文化上的共鸣。这次的书旅让我感到非常开心，认识了那么多老家书友，见识了不同凡响的书房和书店。

几天后，和黄崇森、方韶毅再次相约去温州另一个有文化的小城乐清，黄崇森在《乐清日报》工作，主动当向导带我去玩。从鳌江坐火车过去，40 分钟，到了直接杀到乐清最有名的书店桃园书院，店主郑金才是我微信好友，天天见他在朋友圈晒书，终于可以亲自来他店里看看了。

方韶毅已经早早地在桃园书院开始淘书了，他多年来从事温州文史研究，创办有温州史地杂志《瓯风》，研究和撰写了很多对温州文化有贡献的文人故事，结集出版了《民国文化隐者录》。温州年轻一辈学人里，他是温州文史百事通了。桃园书院有一个房间专门售卖温州文献书籍，他在这里买到过很多温州文献方面的书。

有点舍不得干坐着聊天，马上投入淘书之中，楼上楼上再楼上，共四层楼，看得眼花缭乱，加上天气炎热，淘书淘到满身大汗。这桃园书院真是名不虚传，一个小城居然有如此丰富的旧书，拿全国的旧书店来比，都不落下风。

就这还没完，桃园书院还有其他三个店，临街的那家书店主要卖学生用书，教材教辅，另一个书店主要卖新书，那个屋子也是他自己的住家，还有一个二层小楼刚刚盘下来，准备修整一下启用，目前是临时库房。在这个小区里，桃园书院构成了自己的书店群。有点让人匪夷所思，能在这么小的地方，开出这么大规模的书店，并且运营良好，温州人的生意头脑，在开书店这个事业上，也如此灵光。

说到做生意灵光，另一位乐清书友江慎更是厉害。他是当年玩天涯“闲闲书话”时的书友，现在做自由二手书商，有一个自己的工作室，主要通过网络销售旧书，而且生意火爆。他能搞到很多港台版的旧书和稀见的版本，在他不大的工作室里，有全套王云五主编的民国版“万有文库”，品相非常好，我精心挑了几本自己感兴趣的，有《农具》《火药》《造纸》《近代印刷术》《基督教概论》等，还选了台版《雅债》和胡适的《诗选》等书。

看江慎的旧书玩法，只能再次感叹温州人的生意经。

从江慎工作室出来，又去了乐清文化领袖许宗斌老师家。许宗斌先生是“乐清文献丛书”主编，对乐清文化在研究和传播上做出很大贡献，虽然许老师两年前已过世，但他家规模可观的书房——听蛙楼，却是来乐清不得不膜拜的地标之一。在许先生公子引领下，我们一行在许先生书房几个房间穿梭，许先生的阅读和阅历以其书房呈现在我们面前。一个人的书房，可以看出他的格局和思想，许先生的书房就很好地诠释了这点。

许先生存世的作品很多，代表作有《雁荡山笔记》《昨夜风——乐清历史文化述略》《听蛙说古》等，《雁荡山笔记》是许先生公子赠送，其他许先生著作都是乐清民营出版人鲍海春兄赠送。许先生过世后，师友弟子为他出版了《水云绵远——许宗斌纪念集》，很多温州文化人都写了纪念文章，通过这本纪念集，可以了解到一位丰富、立体、有创见的许先生。

晚上回到温州市区，住在方韶毅家。方兄房子不大，几个屋满满都是书，目测有五六千册。他家有狗名奥巴马，一直守着我这个陌生的闯入者，所以我不敢在他家书房走动，怕引来“奥巴马先生”不乐意。

这次住他家里才知道，韶毅默默写字十几年，书法已渐成气候，他夫人会画画，夫妻俩共同完成了很多作品，但两人比较低调，很少晒作品。难怪他这些年参与不少艺术策展，还收集名人手札和字画。他策展的“温州民间文献联合展”取得空前成功，可惜没机会参观，后来拜读他寄来《温州民间文献联合展图录》，对展品有了一些了解，的确大开眼界。

第二天方兄带我走了一条温州人文遗迹线路，夏鼐故居，郑振铎纪念馆，城西基督教堂，马孟容

编々瓯風々史刊，留書如命，尤着力
温州乡邦文献，有穷尽之愿。
半亩方堂
旧居「半亩方堂」当日造访，拥挤而有序。
新居书房明亮奢豪，未能画出其貌，
取其几处局部，画为「半亩方堂」。
绿茶 庚子春三月初一

半亩方堂

马公愚艺术馆，温州天主教总堂。一路走来，这段民国史中的温州在方兄丰富知识的讲述下，显得丰富、深厚、立体。

饭后去方韶毅办公室小坐，偌大的办公室被书挤得满满的，一个一个柜子打开来看，各种温州文献以人物和专题的方式分类摆放，处女座的完美主义在这里表现突出。最后，终于把藏在书架下方柜子里的宝贝一一拿出来，以民国时期版本为多——温州人的书，涉及温州的人，以及正在写的温州史料相关书籍，藏了确实不少。

他主编的《瓯风》，是了解温州历史最重要的刊物之一。这个刊物名字来自民国老刊物，我一直没见过民国版实物，他果真掏出一本，原来《瓯风》老刊是线装杂志，颇让人意外惊喜。

晚上去温州半书房参加“瓯风文丛”首发沙龙。我因为忝列《瓯风》编委，也被邀请参与分享。“瓯风文丛”是《瓯风》杂志延伸出来的出版项目，第一辑出版了温端政《回首人生》、林翘翘《流年碎忆》、沈克成《挹西注中》、张乘健《籀园慧月》、卢礼阳《此心安处》等，收录5位本地学者曾发表在《瓯风》或见诸报端的文史随笔，涵盖师友回忆、温州风土等作品。

我讲了什么已不记得，后来看《温州日报》报道中摘录了我的几句：“瓯风文丛”与《瓯风》一样，重在挖掘本地人文历史，兼具可读性，它的出版，是温州文化向社会各界的一次低调亮相，随着这套文丛日益丰富和成熟，大众对温州文化、温州学人会有更全面的认识和了解。

郑振铎纪念馆

马孟容马公愚艺术馆

夏鼐故居

苍南半书房

桃园书院古旧书店

半书房合影（左起：陈以周、周功清、绿茶、方韶毅、黄崇森、章苏凤）

在半书房，读全世界

一万书房

听蛙楼

桃园书院温州文献专区

桃园书院名家签名本区

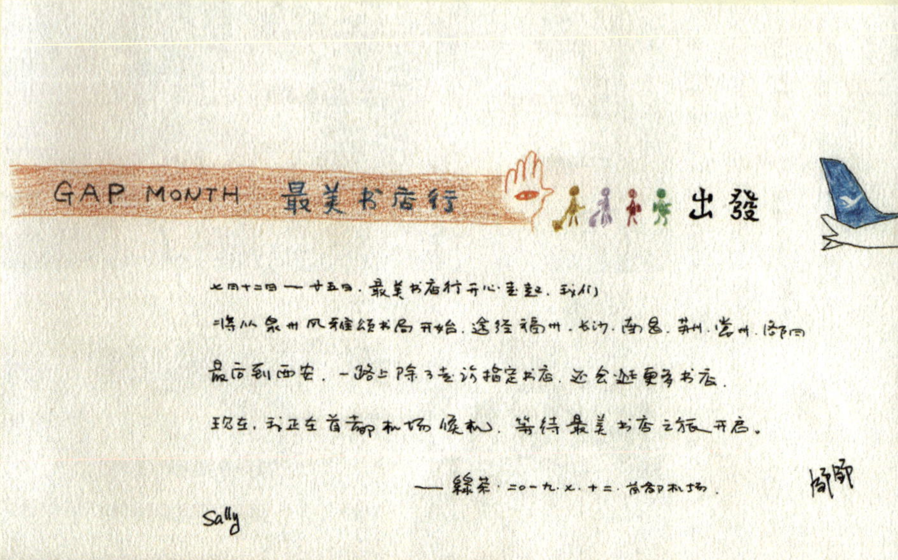
GAP MONTH 最美书店行
出發
七月十二日—十五日，最美书店行开心走起，我们
将从泉州风雅颂书局开始，途经福州、长沙、南昌、苏州、常州、洛阳
最后到西安，一路上除了走访指定书店，还会逛更多书店。
现在，我正在首都机场候机，等待最美书店之旅开启。
——綠茶·二〇一九·七·十二·首都机场。
Sally

最美书店行

泉州—福州—长沙—南昌—苏州—常州—洛阳—西安

连续几年，我参与策划由未读组办的中国最美书店周，2019年，最美书店周增加重要的书店单元——最美书店行。我们的行程从泉州出发，先后途径福州、长沙、南昌、苏州、常州、洛阳，最后到达西安，共八个城市。这样的路线安排有几个方面的考虑。一，泉州是海上丝绸之路起点，西安是陆上丝绸之路起点，这两个起点几乎没有交集过，我们想通过书店行的方式，贯通这两座独特的城市；二，所经这些城市，都有很浓厚的书店文化，有非常突出的独立书店闻名全国；三，最美书店周每年有中国最美书店评选，这几大城市里的书店都入选了本届中国最美书店。

这趟书店行，让我们感受到不一样的中国书店风情，赞叹中国书店业的多元生态，每家书店都有自己独特的生存方式，并影响和改变着当地的文化生态。借由这样一次书店之旅，让我对中国书店又多了一层全新的理解。那些为理想而坚守的书店人是最可爱的人，也是最坚强的人。

最美书店行团队留影

1　最美书店行（泉州）风雅颂书局

2　最美书店行（福州）鹿森书店

3　最美书店行（长沙）止间书店

4　最美书店行（南昌）青苑书店

5　最美书店行（苏州）初见书房

6　最美书店行（常州）半山书局

7　最美书店行（西安）万邦书店

风雅颂书局是泉州最具代表性的书店，这家位于晋江五店市的店开在一幢老宅子里，是书店与古建的完美结合。
——绿茶·乙亥夏
风雅颂书局

风雅颂书局

泉州书游记

曾多次到过泉州，每次都留下美好的印象，这是一座不仅有历史，而且深不可测的美妙城市，从不同主题进入这个城市，会体味到不同的泉州之味。这一次，我们来看看泉州的书店。

说到泉州的书店，我们首先会想到风雅颂书局，她是最具地标意义的泉州书店，创始人连真已经在这片土地耕耘了二三十年，营造出具有风雅颂气质的泉州文化场。

风雅颂在泉州开有多家分店，每一家风格不同，这就要求主理人对本土文化生态的掌握和需求有着十足的把握。少年宫总店是风雅颂的根，也代表着风雅颂作为一家偏人文社科的综合型书店的底蕴。有一年，“六根”全体到泉州，就在少年宫总店和书友们进行了一场饶有趣味的交流，感受到泉州书友们的热情和对泉州本土文化的热爱。

福
樂禮書詩
晨起．在风雅颂涴然别院速写一张
诗书礼乐，人生其乐。
在如此小院享受难得安宁和惬意
今日．最美书店行第一站开始……
——绿茶．二〇一九．七．十三．泉州
Sally

涴然别院

2020 年 5 月，因租约到期，泉州少年宫大楼收为他用，在此已十年的风雅颂书局不得不告别少年宫，另择他处。这对受疫情严重影响的风雅颂书局，无疑是雪上加霜。好在主人连真女士有着几十年的书店经营历程，她一定能让书店重新出发，升级迭代，更趋完美。

晋江五店市的风雅颂，符合当地旅游特色，偏重旅游人群和文创，每天门庭若市。该店后院是一家书店里的民宿，另名涴然别院。这栋老建筑是传统的闽南建筑，系闽南乡间整体搬迁过来，“诗书传家”四个大字，代表了中国传统家庭对文化的崇尚和对传统的敬意。我们此行就住在涴然别院二楼。清晨醒来，听见鸟语，闻到花香，这样的醒来方式已经很多年没有体验过了。

我们此行做活动的落地书店为风雅颂某商场店，这是风雅颂和樊登书店合作的商场模式实体店，又是一种全新模式的书店。虽然目前这商场还处在引流期，人流量不够大，但随着书店这种文化生态在商场生根，引流的功能会越来越强，这也是为什么现在商场都愿意标配一家书店的理由。

连真在当晚分享会上，讲了一句让我非常感动的话，她说：“办书店二三十年来，我感觉自己一直在创业，因为我想把自己的书店做成理想书店的样子，可至今还没达到，所以我一直在折腾，一直在创业。”

在我心中，风雅颂已经是理想书店的样子，那什么才是她心中理想的样子呢？也许她也没有答案，但这正是她不断挑战自己、不断创新的动力。这是风雅颂越变越好的源泉，也是书店业者让人敬佩的地方。

风雅颂不仅是一家书店，还是泉州文化生态中重要的纽带，很多泉州的文化命题，风雅颂都会参与其中。有时帮忙邀请嘉宾，有时直接操办大型文化活动，还有些时候，联结政府、企业和文化机构，而成为这个城市的文化缓冲区，让文化在这样的特殊区域内滋生、成长。

那么泉州只有风雅颂吗？不是。在泉州的短短两日，连真带我们去了不少地方，每到一个地方，停车后几乎都会遇见书店，这是连真的故意安排，还是纯属巧合呢？

第二天，连真要带我们去开元寺，这是泉州的旅游地标，来过多次，每次都觉得没看够。到开元寺附近停了车，停车场对面就是一家书店，叫书想所。这家书店的老板是泉州著名的书商，主要做教材教辅，生意做得很大。

老板的孩子子承父业继续做教材教辅，同时多了一些年轻人的创新想法，开了这家书想所。书店进门以文创和咖啡为主，有很强的文艺气质。再深入一点才有不同类型的书，其中，在最靠里的位置，是他家老本行教材教辅。书店的格局非常合理，不像大多数卖教材教辅的书店那样，一进门就想出来。我们在这里停留了挺长时间，并且每个人都买了一些文创、画笔等。

来之前，连真说帮我们找了一位非常好的泉州文化通李以健先生。先到他的小店汇合，小店里有他自创的一些泉州文创和小吃品牌。小店隔壁就是一家二手书店叫芥子书屋，这是主打泉州史地文化的书店，可惜下午才开门，没能进去好好淘书。

跟着李以健兄逛开元寺，的确是完全不一样的体验，他对开元寺历史的了解真是融会贯通，每一块石头每一棵树都能讲出不一样的故事。开元寺双塔上那么多佛像，每一尊佛像都生动无比，在以健兄口吐莲花的生动描述下，更是栩栩如生。可惜我们时间有限，只能匆匆听他讲了几个，就被连真电话“轰炸下”赶去饭店午餐了。

开到用午饭的饭店，刚下车又看见一家叫学海无涯的二手书店，瞬间就遛了进去。这是一家很普通的二手书店，店内什么都有，古玩、旧书，还有日常生活用品等等。我一直淘啊淘，直到牛肉汤上锅了，才回来大口吃肉。

下午活动结束后，连真带我们吃地道的泉州美食。而后去以健兄的一茶书房喝茶。这是一栋民国

在泉州来到一茶书房 这幢一九二六年的民国老建筑里
处处体现一种美学与气质。这是一家会员制的书店
另在厦门还有两家实体书店。
——綠茶 二〇一九.七.十三.泉州.
一茶書房
李以健
Sally

一茶书房

老建筑，被以健兄改造为他的一茶书房和工作室，办人文讲学课程，同时也是游学基地。两层小楼，正在逐步理想化。我们坐在书房里，听着李以健兄自己乐队录制的唱片，喝着铁观音，享受美妙的泉州之夜。

新书推荐榜

第四屆
中國最美書店周
閱讀+
新青年
7.12
8.18
BOOKSTORE WEEK, CHINA
12 · JULY
18 · AUGUST
2019

风雅颂书局

民宿涴然别院

晋江五店市

一茶书房

台湾书店（泉州）

书想所

芥子书屋

学海无涯书店

鹿森书店内景

福州书游记

清晨告别涴然别院，坐高铁去福州。

鹿森书店在福州上下杭古街，这条小桥流水的古街，河两岸是各种酒吧、民宿和小店，鹿森是其中别样的一家。杭，是通航的意思，也是码头的意思，此地自古就是闽江流经之处，上下杭便是船经上下江岸航行的津口埠头，最早形成于唐宋时期，至晚清民国依然繁华。

上下杭入口有一栋水部尚书庙，这座古建筑风格布置的庙宇始建于明代，是纪念南宋忠烈状元陈文龙的祠堂，清道光年间奉旨重修，民国十年（1921）也重修过。南宋六部（工部、刑部、户部、吏部、礼部、兵部）并没有水部，因为陈文龙深受人民的拥戴，后来传说特别册封他为“水部尚书”，到明崇祯，以及清代康熙、乾隆年间另封为“镇海王”。

入住鹿森隔壁的民宿杭舍。这家民宿是一栋有

鹿森书店外景

鹿森书店隔壁，是我们最美书店行福州站住地
一家叫杭舍的民宿，老院格局非常舒服，有时
忍不住速写一张。
——绿茶·二〇一九·七·十四·福州

民宿杭舍

三四进的老宅，非常典型的闽南大户人家宅邸，我们住在最深处的房间，房间内改造得很现代化，传统与现代在这里完美结合。

来之前对着照片画过一张鹿森书店，但看到真实书店后完全改变了我的视角，所以，画书店一定要现场画。于是，乘着活动没开始的间隙，找个角落画了鹿森入门后的店堂一角，虽然很匆匆，但那种感觉我喜欢。这幅小画后来被一位朋友拿去做成了他新书的封面图。

晚上在鹿森主人何鹏兄的工作室，听他细聊做鹿森的一些想法和初衷，才由衷致敬。何鹏是有书店情结之人，他为了开自己的书店，先做了餐馆、咖啡馆，把这些经营模式探索清楚，并且实现盈利。然后才开了鹿森，并且，把餐馆、咖啡馆的专业餐饮团队平移过来参与书店的餐饮服务，这也保证了书店餐饮的专业水准，同时，节约了成本。

何鹏的理想是绕着来的，但这样的书店经营模式，应该更具持续力，并且有爆发出来的力量。目前，鹿森又开了好几家分店，有开到商场的，还有开到武夷山景区的。

可惜我们在福州停留的时间太短，没有机会去领略更多福州的书店。下次再找机会来好好逛福州的书店。

新青年

林深時見鹿
夢醒時見你

鹿森书店

鹿森书店

上下杭

民宿杭舍

念楼
绿茶兄是好编辑 周实
相知二十年，今日才相见。
一见更倾心，珍重此兄画
绿茶为匪写书房，甚真实
亦亲切也
己亥夏 钟叔河
Sally

念楼

长沙书游记

去长沙的高铁上，给钟叔河老先生打了电话，说下午到长沙，想去拜访。钟老电话中很开心地说："随时可以来。"就这样约定了。同时跟周实老师约好长沙一聚。我和 Sally 来到湖南出版集团大楼前，周实老师已经等候多时，他带着我们一起上到 20 楼，这就是著名的"念楼"，门上一个小木牌上写着"念楼"二字。

钟老是我编副刊时期的重要作者，他的"念楼小抄"专栏在我的版面连载了很多年。钟老在多篇文章中提到"绿茶是发我文章最多的编辑"，但交往这么多年，我一直没来过长沙。

此番拜访念楼，一见如故，非常开心。就像平时通电话一样，钟老的声音洪亮，八八米寿高龄，身体很好，真让人欣慰。我们坐在客厅，聊各种往事和近事，好像有聊不完的话题。我抽空去他的小书房速写一张。钟老看到我稚嫩的小画给予鼓励，在小画上题写一首五言：

相知二十年，今日才相见。
一见更倾心，珍重此见面。

——已亥夏 钟叔河

钟老题签赠送我两本书，一本系他最新由后浪再版的《念楼学短》，两卷本很厚。钟老说一定要把这套书送给我，因为我是编他“念楼学短”文章最多的编辑。我说不用，家里已经有这套书。但是，钟老执意要送，并且在书的扉页上题写了上款：

绿茶君是发我“念楼学短”最多的编辑。我这本书中有五十三篇是经由他的手编发的。对这本书的出版很有助益。

另外，送我一本《念楼随笔》，精选了一些在他不同集子中比较有代表性的作品。

其实我收了钟老的很多书，包括他编的“走向世界丛书”全套。钟老对中国的出版史有特殊重要的意义，尤其是这套“走向世界”，是中国出版史和阅读史绕不开的一套丛书。这样一位资深的、有情怀的并做出重大贡献的出版家，对一个小编辑的到访那么真切地互动，真是让人倍感幸福，这就是老一代文化人、老一代出版家的人格，一种精神。

长沙站落地活动安排在止间书店。这是一家让人惊喜的书店，主理人老笨原来也是出版从业者，和几个朋友一起开了止间，书店的内容和格局都独具一格，外墙的结构也是很独特的形状。很喜欢书店里那种处处见细节的微妙。书店一个不起眼的位置挂着一块牌子，上面记录了几位创始人的初心：

> 我们是这样的人。
>
> 我们都想诗意地栖居都市，我们接二连三迈入中年的门槛，我们对青灰色的童年记忆犹新，我们对青葱岁月里的憧憬念念不忘，我们希望周围充满善良且友好，我们关爱亲人，也关爱陌生人，我们遵从内心，也关注社会，我们既念过往，亦思未来，我们呵护情怀，崇尚理性，我们拒绝喧哗，倡议对话，我们不讨好每一份冷漠，不亏欠每一丝热情。
>
> 我们心怀理想在路上。我们希望路途中不再为生活奔波的人们能守住初心。我们希望还在路途为生活奔波的人们能止步一家书店。
>
> 我们就是这样的人，我们所有的努力，只是让生活多一种可能。

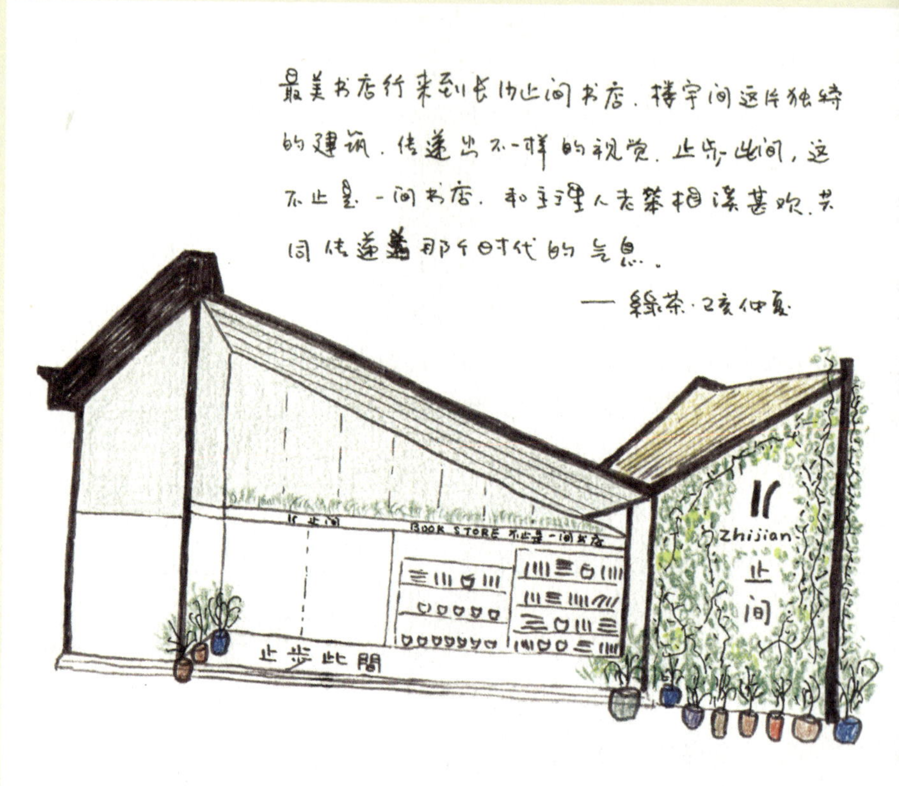
最美书店行来到长沙止间书店，楼宇间这片独特的建筑，传递出不一样的视觉，止步此间，这不止是一间书店，和主理人老笨相谈甚欢，共同传递着那个时代的气息。
—— 綠茶·己亥仲夏
止间
BOOK STORE 不止是一间书店
止步此間
zhijian
止
间

止间书店

晚餐就在书店吃，和老笨聊天有很多70后一代的共鸣，怪不得这个书店一进来就有一种熟悉感。通过短短的一顿饭，那些对文学、对思想、对书店、对岁月的故事一股脑都迸发出来，说着说着就喝了不少。饭后转到另一个房间和止间书友交流，借着酒兴，状态挺好，大家聊得很欢畅，老笨又开了几瓶红酒，边喝边聊。

次日一早，赶去长沙图书馆参加邵建武书画展——“归途”。建武先生是《人民日报》美术版主编（已退休），师从艺术大家张仃，他对中国美术界有很深的介入和独到的观察，写作的艺术评论在美术界影响很大，出了好几本关于中国美术批评、拍卖的著作。

建武先生不仅是艺术评论家，自己也是书画实践者，受名师指导，加上自己对艺术的独到理解，他的书法和绘画带有强烈的个性。他以草书见长，虽然看不懂，但那些线条和笔力，真不是一般的功力。这画展也是他的同事、我们“六根”老大李辉策展的，另外一位画家同事罗雪村也来了。我们几个平时在北京常聚的朋友，又一次聚在长沙，也是有趣得很。

我和Sally欣赏了建武先生的画展，长沙书友于见闻带我们开启一天的长沙书店之旅。

长沙图书馆楼下，是一家叫乐之的书店，这是

来到长沙目田书店，小店格局独特，选书精良，匆匆速写，未达个中品味。
SALLY
KEVEN
目田书店
UNFREE BOOKS

新华书店系统下的书店，开在图书馆里。店内空间不小，还有很大一片咖啡区。图书馆另设的书店，通常有着聊天、谈事的功能。看这家乐之书店，咖啡区域的人流远远大于书店里的读者。这也是好事，证明这家书店经营状况不错。

见闻兄带我们先去了长沙极有特色的独立书店目田书店。这家书店在一栋居民楼的17层，书店内的小区域划分得很细致，选书也堪称上乘。老板是很文艺的人，对书店有挑剔的想法。目田是自由二字去掉冒头的部分，于是“丿”“丨”就成了目田的logo，这就来劲了。

除了书店，在本栋楼的不同层，还开有一个叫棉花厂的民宿和一个叫悲伤省的小酒馆，这样的结构真心让人羡慕。一个人可以把文艺的事情玩得这么有模有样，也是让人敬佩。

之后，见闻兄带我们去逛他单位对面的三家旧书店。这是他经常逛的地方，跟老板们都很熟。一家叫窑岭旧书店，另一家叫小黎旧书店，还有一家只露出书店二字，店名已经掉了。我们在这里淘了好长一段时间，虽然淘到书不多，但这样的旧书店能在大街上开着，就证明这个业态的成熟。跟老板交流一下，有些都开了十几二十年了。

逛完旧书店，我们去见闻兄的工作室坐一坐。说是工作室，其实是他的个人藏书楼，工作室名为

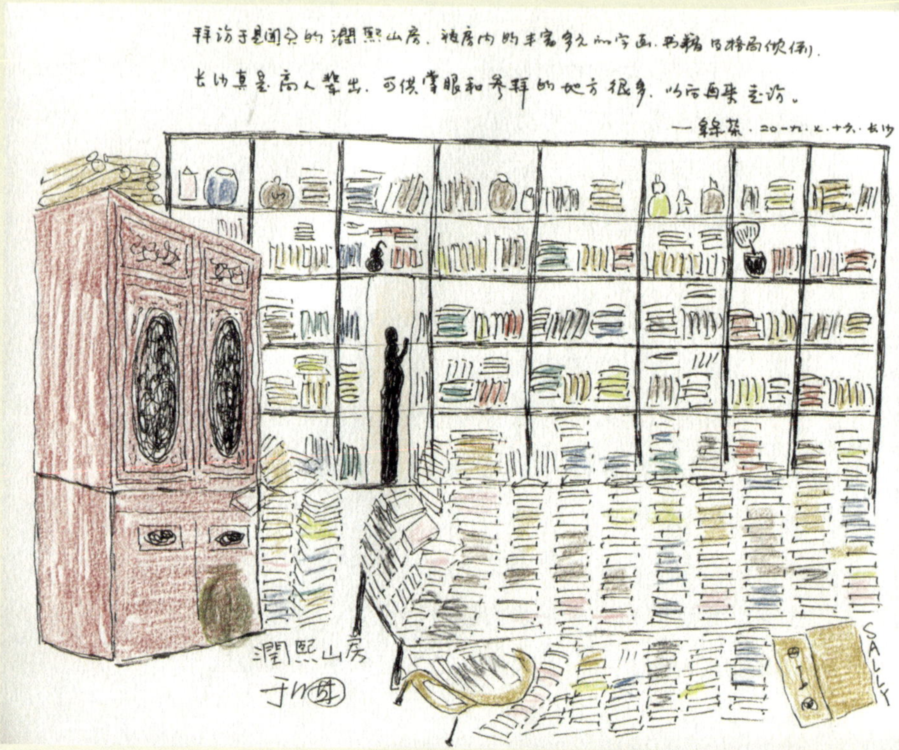

润熙山房

润熙山房，每个房间都是书和古玩，他同时在这里开设有书法班。这就是一个典型的书人书房，里面山珍海味什么都有，给人一种琳琅满目的感觉。速写一张，小坐片刻，我们匆匆告别，要赶高铁去下一站南昌。

拜访念楼（左起：孙谦、念楼主人钟叔河、周实、绿茶）

与念楼主人合影

zhijian
止间

閱讀+
新青年
BOOKSTORE WEEK, CHINA
12 . JULY
18 . AUGUST
2019

止步此間

止间书店

邵剑武“归途”书画展留影（左起：邵剑武、绿茶）

在润熙山房（右为山房主人于见闻）

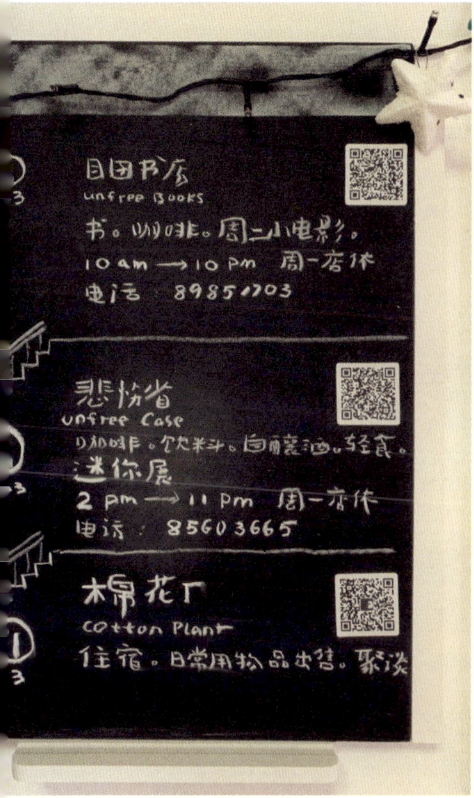
目田书店
unfree Books
书。咖啡。周二小电影。
10 am → 10 pm 周一店休
电话：89851703
悲伤省
unfree Case
咖啡。饮料。自酿酒。轻食。
迷你展
2 pm → 11 pm 周一店休
电话：85603665
棉花厂
Cotton Plant
住宿。日常用物品出售。聚谈

目田书店

青苑是南昌的老牌书店
为这座城市提供源源不断
的精神食粮。

——绿茶·己亥夏

青苑书店

南昌书游记

到南昌天已黑。青苑书店主人万国英组局接待，席间有南昌史地专家毛静先生、南昌大学张国功教授、作家云从龙等，请教南昌书店寻访路线，从龙兄如数家珍，并表示可以做向导访店。

次早下楼，从龙兄已在大堂，戴着一顶防晒太阳帽。我们从酒店后门出来，就是南昌著名的书店街文教路。据说十年前，这是旧书一条街，买书的人群可以用拥挤来形容，高峰时有几十家旧书店。如今已所剩无几，但对我来说，一路逛下来，还是有不少收获。先后途经老徐书店、文化书店、小万书店、老邓书店、成就书店、老李书店等，最后到闻名已久的拾得书屋。老板两口子曾经是青苑的员工，老板娘涂女士是我前同事、现乐府文化创始人涂涂的妹妹。

从拾得书屋出来，已经背了重重一大口袋书，

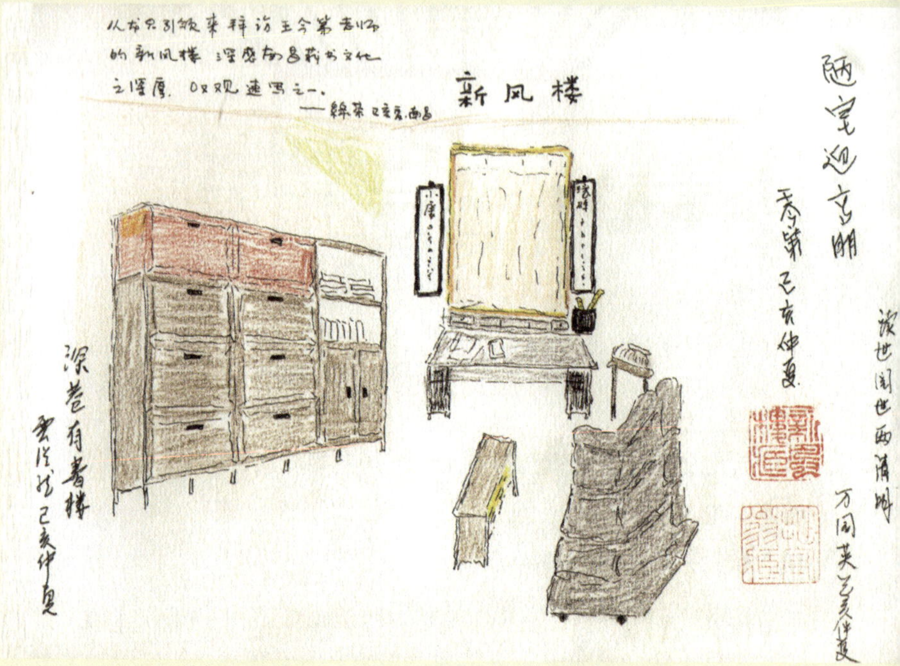

新风楼

只好先回酒店把书放下。其间从龙兄电话预约了新风楼主人王令策先生，要带我去新风楼参观。

新风楼系南昌著名藏书楼，主人王咨臣先生，1952年任江西省人民政府文物管理委员会委员，开始专职从事抢救古籍、保护文物工作，对江右文献收藏、整理、研究方面有很多的建树和贡献。与此同时，王咨臣先生开始大量藏书，尤其侧重江西文献和古籍方面。且勤于著述，先后著有《南昌史话》《宋应星学术著作四种注释》《滕王阁史话》《江西地方文献索引》《〈晋书·食货志〉校注》《清代名人未刊信稿》等，另有《新风楼诗词系年》《江西二十家人物年谱》等。

王咨臣老先生过世后，新风楼由其子王令策先生继承。子承父业，王令策先生对父亲的藏书进行深度的整理和研究，他不爱社交，宁愿待在新风楼里翻阅父亲留下来的那几万册古籍文献。王令策先生坦言，一个人的力量有限，如此大量的文献，靠自己一个人是整理不完的，他也希望能为这批古籍找到好的归宿。

从龙兄和王令策先生应该是特别好的朋友，他们在一起说话很随意，是那种老朋友式开玩笑的交流。我则在一旁画张速写，一边搭着话。很快画完才开始浏览新风楼内景。客厅挂着两副对联特别好，体现出真正爱书人的性情。

一副为：

环壁列奇书有史有文堪探讨
小楼多佳日宜风宜雨足安居

另一副则是：

著述多艰聊自慰
藏书遍访竟忘贫

我请王令策先生拿一些古书给我看看，他带我进到其中一间藏书室，可能是久未开门，房间里似乎有点霉味，当然，还有古书香。王先生打开其中一个柜子，满满都是古书整齐排列着，拿出一函翻看。由于年头太久，书籍看起来有点脆弱，我不敢多翻，怕损坏这些珍贵的古籍，就示意不一一往下拿，看看书根和侧签就好了。时间过去有点久了，已记不起来当时看到哪些书了。

下午到青苑书店做活动，来了很多书友，青苑二楼坐得满满的。青苑二楼活动空间非常棒，嘉宾和书友被四周的书架围在一起，感觉像是开一场读书会。活动由南昌大学张国功教授主持，我和孙谦、胡青松三位一起座谈。孙谦用专业书店策划人的角度，谈了她对书店“进化论”的看法，并且提了不少有价值的建议。胡青松是本地爱书人，他回忆了自己的淘书生涯以及文教路的退化。刚好我上午逛了文教路，虽然没机会看到当年的繁盛，但总归还有一些小书店在坚持着这份生意。

我把当天的发言在这里再重复一下：

来到青苑，有特别深的感触。这样一家将近30年的书店，如今还能够以这样的面貌呈现在这里，真的让我特别感动。因为我比较早进入书店这个行业，大概是1996年的时候，在北京非常有名的书店风入松做店员。和青苑一样，风入松都属于第一代中国民营书店。

大家都知道，80年代是一个文化启蒙的时代，那一代人纷纷受到来自方方面面的、包括一些西方思潮的影响。刚才我在青苑的楼口看到，万总专门辟了一块小小的很不起眼的区域，上面放了很多在我们这个年龄的人一看见就热泪盈眶的书，它们都是我们这一代人普遍读过的书籍，也孕育了我们这一代人的文化气质。在上个世纪90年代，为什么会雨后春笋般地冒出了这么多独立书店，像青苑、风雅颂、卡夫卡、博尔赫斯、风入松、万圣等等这样一些独立书店？这是那个时代的启蒙所造就的。

在经历好几轮的淘洗之后，很多的书店已

青苑
始于1992
青苑書店

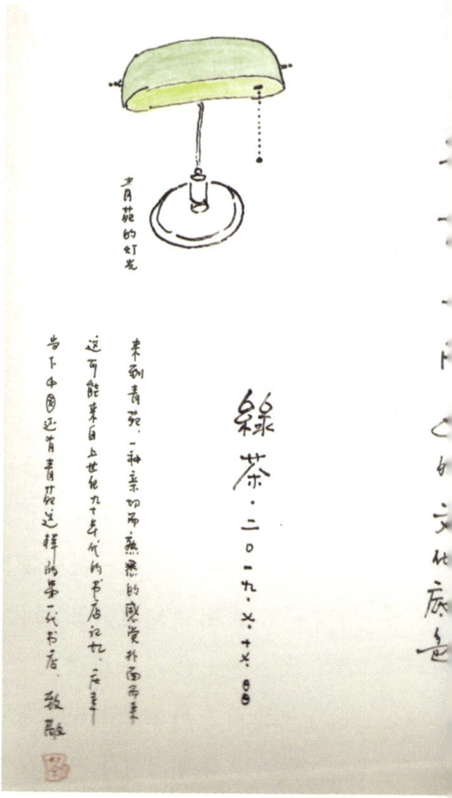
青苑的灯光
綠茶
来到青苑，一种亲切而熟悉的感觉扑面而来
这可能来自上世纪九十年代的书店记忆。庆幸
当下中国还有青苑这样的第一代书店。致敬

青苑书店

经走不下去了，但幸运的是，青苑还在这里。我离开书店行业已经很多年了，但来到青苑发现，那些历史的记忆，那个年代的一些书籍，那个时代里的一些气息，让我感到特别的强烈。

如果你是一个真心的淘书人和爱书人，也许你能够在这样的书店翻到一本版权页上写着一九九几年甚至更早的时候的书，这就是有一定积淀的书店的魅力。它们可能就在一些不起眼的角落，从来没有被读者翻阅过，或者是说被这个时代的读者所忽略了，因为那些书就是那个年代的书。我曾经有一次在北京三联书店，淘到了贵州人民社版的《顾准文集》，共有三本，90年代的人肯定都知道这书在当时的那种影响力。它的定价只有十几块，然后我就把这三本都买了。等我结账的时候发现它就是按原价卖给我的，兴奋坏了。

青苑之于南昌，风雅颂之于泉州，博尔赫斯之于广州，先锋之于南京，万圣之于北京等等，一个书店能够在城市生活中形成这样强的地标效应，我觉得这是城市与人、城市与书店最让人觉得贴切的一种关联。我们发起“中国最美书店行”这样的活动，一个初衷就是希望通过城市与城市之间的走访，与书店人的对话，让这个城市里的书店，以及我们的爱书人能够在这样一个特殊的情境下，形成彼此之间的一种互动——因为我们都爱书，都喜欢在这样的一种氛围下进行沟通，达成某些共识。

现在是互联网时代，每个人要接触海量的信息，然后再通过不同的出口，达到不同的兴趣点，每个人的兴趣变得更广泛了，阅读也因之就变成了我们一个负担，甚至是觉得成了一个很占用我们时间的事情。在这种情形下，手机阅读，以及其他各种方式的阅读，慢慢成为我们的一种习惯。我们看到了这一点，所以就反其道行之，做一个“最美书店行”的活动，这活动实际上是和当下互联网式的思维完全背道而驰的。虽然书店本来就是一个传统行业，我们又用这么传统的方式一个书店一个书店走访，但一路走来，每个城市，每个书店都给我们不一样的惊喜和感动。

在当下，我们很幸运，能看到第一代书店、第二代书店、第三代书店、第四代书店，甚至第五代书店，都有自己的生存之道，这是非常美好的现实。这几十年来书店多样化越发丰富，每个读者对书店不同的需求也能够找到自己的去向。我觉得，书店应该是一个共同体，虽然体量还很小，但书店这个共同体所能影响波及的人却足够庞大，也悠长而深远。

最美书店行（南昌）青苑书店

拜访新风楼主人王令策

拾得書屋
惠友
惠友书店
中公教育
惠友专营考试用书
中公教育
文化书店
指定售书报名点
0791-87883681
铝合金不锈钢装璜店
惠友书店
老李书店
经营：书法、画册、文学、儿童读物等 电话：189 7086 6072
成就书店
中公教育
0791-87883681
老邓书店
经营:中小学教材辅导各类旧书
电话:13697912658
长城宽带
95079
当天报装 当天上网
老徐书店
电话：15070957827

南昌文教路一带旧书店

姑苏即景

苏州、常州书游记

每次来苏州，喜欢住在书舍，推掉主办方安排好的酒店。书舍小院让人心情愉快，住在这里，感觉心特别安静，捧一本书坐在小院里，闻着花香，享受字里行间的愉悦。

一路奔波到苏州，已是第五站。这一晚，难得睡了一个很香的觉。

次日，主办方先安排去参观常州的半山书局，并有一场分享活动。来之前看过半山书局照片，对着照片画了一张书店并制作成藏书票。到了现场才发现，照片和实景有着天壤之别，这家书店远比照片美无数倍，甚至可以说，没有照片可以真实地传递出这家书店之美。如果有时间，我一定重新画一下。

绝对想象不到，像常州这样的城市会有这么大规模、这么美的书店。店方负责人介绍说，半山书局幕后是一家规模很大的百货公司，这栋大楼就是

站得高.看得远.半山书局.
阅尽天下好书。
—绿茶·己亥夏
半山书局
BANSHAN BOOKS
MAGIC

百货公司的产业。用经营百货的思路经营书店，倒是第一次听说，这或许是这家书店能具备如此规模的原因。

创店之始，他们参考和学习了国内外很多书店，并最终向日本茑屋书店和台北诚品书店取经，套用了设计不少理念和经营模式。难怪怎么觉得似曾相识。

半山这个名字，我没有请教过店方，想来应该和王安石有关。王安石，字介甫，号半山。嘉祐二年（1057）四月，王安石被任命为常州知州。当年七月四日到达常州，到第二年二月改任江东提点刑狱，王半山在常州待了半年多。常州建有半山亭，纪念这位任职仅半年多的知州。

半山书局位于大楼的 14 至 16 层，可谓名副其实的“半山”之高，店内一面从 14 到 16 层的书墙壮观至极，是书友们的打卡圣地。如今，不少书店都讲究视觉表现，也特别在意书店的打卡地，书墙、书山、书洞等等奇招，都为了能吸引人们来拍照、打卡、晒朋友圈。然而，半山这面书墙应是最值得打卡之处。

苏州的落地书店为初见书房。这家苏州文旅旗下的书店，在苏州多处设店，我曾见识过几家，都非常讲究，有品位。

姑苏的书店文化非常浓厚，多次来苏州逛书店，也写过两篇姑苏书游记，这次书店行就没再专门安排逛苏州书店。刚好小茶包来苏州找爸爸，于是，带着小朋友逛了沧浪亭和苏州文庙。

不久前大红的电视剧《清平乐》中，这位沧浪亭主人、大才子、书法家苏子美英年早逝让人唏嘘，他的名篇《沧浪亭记》却流芳后世。

> 予以罪废，无所归。扁舟吴中，始僦舍以处。时盛夏蒸燠，土居皆褊狭，不能出气，思得高爽虚辟之地，以舒所怀，不可得也。

> 一日过郡学，东顾草树郁然，崇阜广水，不类乎城中。并水得微径于杂花修竹之间。东趋数百步，有弃地，纵广合五六十寻，三向皆水也。杠之南，其地益阔，旁无民居，左右皆林木相亏蔽。访诸旧老，云钱氏有国，近戚孙承祐之池馆也。坳隆胜势，遗意尚存。予爱而徘徊，遂以钱四万得之，构亭北碕，号“沧浪”焉。

庆历四年（1044）九月，是大宋朝狂欢节之一秋季赛神会，按惯例，各衙门机关都会庆祝一下。

进奏院长官苏舜钦（字子美）让人把废报纸卖给收废品的，换了一点银子，然后去酒楼联欢，除了一点卖废纸的钱，不够的部分大家AA。喝得兴起，据说还招了几名官妓弹奏助兴。完了，这事又让御史台的人知道了，御史中丞王拱辰死咬着不放，一次次上奏，要惩处这种不正之风。《宋史》载“同时会者皆知名士，因缘得罪逐出四方者十余人”。进奏院长官苏舜钦最是倒霉，直接贬为庶人。这在宋廷算是对官员最严厉的惩罚了。要知道，苏舜钦的岳父可是当朝宰相杜衍。但这事如果杜衍出面为苏舜钦说话，御史台肯定会扭转矛头弹劾杜衍，正愁没由头呢。

苏舜钦修缮废园入住后，对之前的不公慢慢地就置于脑后了，等他写《沧浪亭记》时，想必已经彻底想开了：“予时榜小舟，幅巾以往，至则洒然忘其归。觞而浩歌，踞而仰啸，野老不至，鱼鸟共乐。形骸既适则神不烦，观听无邪则道以明；返思向之汩汩荣辱之场，日与锱铢利害相磨戛，隔此真趣，不亦鄙哉！”

写完《沧浪亭记》，寄给老朋友欧阳修，邀请他和诗一首，欧阳修于是写作长诗《沧浪亭》，借此表达对老朋友遭遇不公的同情，其实也是对自己遭受贬谪的牢骚。“丈夫身在岂长弃？新诗美酒聊穷年。虽然不许俗客到，莫惜佳句人间传。”欧阳修长诗《沧浪亭》发表后，沧浪亭名声大振。

第二年，庆历八年（1048），宋仁宗决定把苏舜钦复官为湖州长史，然而未及赴任就病逝了，年仅41岁。

欧阳修为苏舜钦作《湖州长史苏君墓志铭》以告慰苏舜钦泉下：

> ……君携妻子居苏州，买木石作沧浪亭。日益读书，大涵肆于六经。时发其愤闷于歌诗至其所激往往惊绝又喜行草书皆可爱故虽其短章醉墨落笔争为人所传。天下之士，闻其名而慕，见其所传而喜，往揖其貌而竦，听其论而惊以服，久与其居而不能舍以去也。居数年，复得湖州长史。庆历八年十二月某日，以疾卒于苏州，享年四十有一。初，君得罪时，以奏用钱为盗，无敢辩其冤者。自君卒后，天子感悟，凡所被逐之臣复召用，皆显列于朝。而至今无复为君言者，宜其欲求伸于地下也，宜予述其得罪以死之详，而使后世知其有以也。

结束了苏州、常州书店之旅，因家事临时回京。Sally一行继续，去Sally的故乡洛阳。几天后，我从北京出发，再去西安和她们汇合。

书舍

最美书店行（苏州）初见书房

最美书店行

（常州）半山书局

苏州王道兄经常
逛东林书屋，发来
照片，我很喜欢这家老
宅里的旧书店，书堆码
如山，多了一种淘书的
乐趣，以前在台北逛易林
书局，乱得比这家还夸张，却
印象深刻，意味深长。
绿茶·庚子冬·九月廿四、
北京—深圳飞机上
東林 書屋

东林书屋

番外篇

姑苏书游记（上）

去一个城市旅行，有当地朋友引领，玩法真是不一样。一次南巡，在苏州停留四日，因为有王道先生的陪同，真正体味到姑苏老城人文之味。

王道先生是青年历史学者，著有《流动的斯文：合肥张家记事》，该书讲述淮军将领、晚清重臣张树声开始的合肥张家几代人的家族史，尤其是张家十姐弟，从合肥龙门巷到苏州九如巷的故事。另著有张家四妹张充和传记《一生充和》等。王道先生安徽人，现居苏州，和张家姐弟有类似的生活路径。他不仅对张家九如巷故事如数家珍，对苏州史地人文也很有研究。

> “你们住的南园宾馆曾是蒋纬国故居，后成为林彪行宫，据说‘五七一工程纪要’就是在眼前这栋楼里拟成的。”

苏州昆剧传习所（沈德潜故居）

“对面这家老苏州茶酒楼曾是陆文夫和他女儿打理的饭店。陆先生的故居就在你们宾馆东门对面的带城桥弄。”

“叶圣陶故居在前面这条胡同里，现在是《苏州杂志》办公场所。”

“阔家头巷口是乾隆老师沈德潜故居，现在是苏州昆剧传习所排练场所，改天带你们来转转。胡同再往里一点就是网师园，有夜游项目，你们晚上可以来感受一下。”

……

听王道娓娓道来苏州历史地理，姑苏老城每个角落似乎都沉浸在历史中。

第一站我们准备先去平江路转转。停了车，拐好几道弯，进入一条叫钮家巷的巷弄，巷口不远的苏州状元博物馆值得一览，展示了苏州历代状元的功绩。馆址为清乾隆年间苏州状元潘世恩故居，有200多年历史。粗看一过，惊叹苏州状元之多，文人之盛。在其中一个展厅，看到好几件科考作弊的小抄、腰带等，真是倍感“亲切”，我目睹的考试史，这样的纸片也经常伴随，但古时候人们作弊都那么讲究，布头上的苍蝇小字写得那么工整细致。

离状元馆不远，是苏州著名的古旧书店——文学山房旧书店。店主为著名古籍鉴别和修复大家、

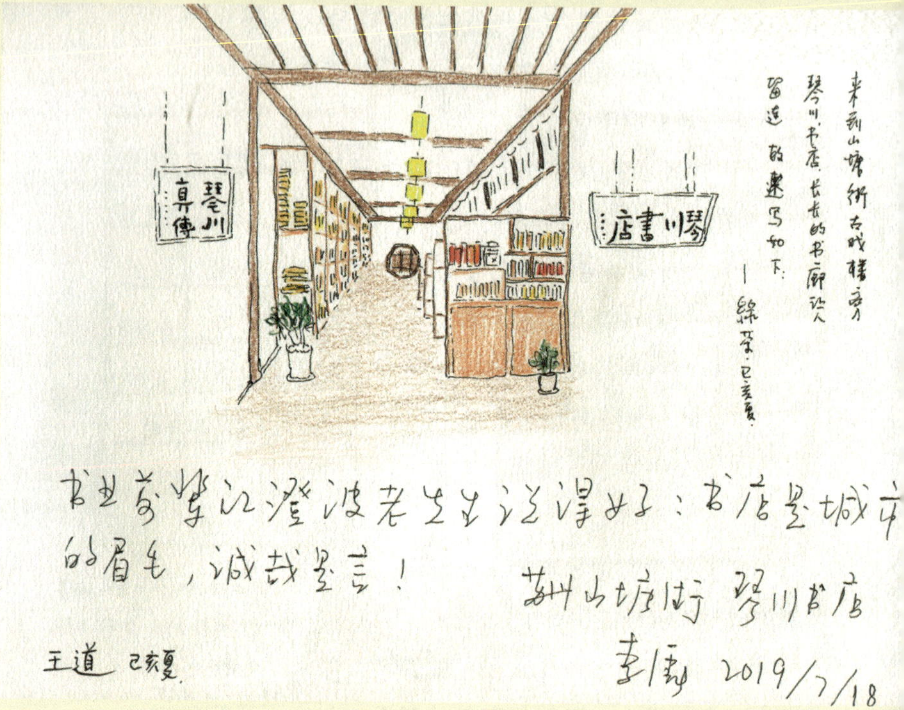
琴川真傳
店書川琴
书业前辈江澄波老先生说得好：书店是城市的眉毛，诚哉是言！
苏州山塘街 琴川书店
2019/7/18
王道 己亥夏

琴川书店

藏书家江澄波老先生，江老已 90 多岁，身体和精神都特别好，几乎每天都来店里看店、修书。书店不大，存放的书也不多，有一整排古书，其他均为二手书。翻看了一下古书，都是江老先生修复过的，手法高明，品相很好。

江老在古籍收藏界声望很高，被称为“旧书业活字典”，他在苏州古籍书店工作了几十年，退休后继续经营自己的文学山房旧书店。这家书店可有历史，光绪二十五年（1899），江澄波的祖父江杏溪在苏州开了这家旧书店，民国时期成为全国知名的旧书店。江家三代从事旧书事业，不仅收书、修书、卖书，还编书、印书，木活字精印的“文学山房丛书”（又名“江氏聚珍版丛书”）被誉为“清季活字印刷的收官之作”，共计 4 集 28 种 168 册，涉及金石、书画、目录、考汇等类书籍汇编。第二天在王稼句老师家，还见到了这套丛书。

我是外行，不敢和江老过多交流，匆匆合影后告辞了。把合影照片微信给藏书家韦力先生，得到回复：“还这么精神，真好。”当年，韦力先生在苏州收书时，应该没少和江老打交道。

沿着钮家巷走到头就是平江路。快到头时，看到一家古书店十方书屋，架子上的古书不少，价格都不低。店主在忙着往外寄《藏书报》，没空招呼我们。据说十方书屋和《藏书报》联合发起了征文，让我

初见书房

们随便拿报纸。回宾馆看报纸，每期有“十方书屋首届征文获奖作品”选登，另有十方书屋简介：

> 坐落于古城苏州钮家巷东侧百合弄，以经营明、清、民国以及新中国成立后各个时期的线装古籍、晚清民国苏州地方文献、民国旧平装书和各类名家字帖为主，是苏州城内古旧书品种比较齐全的书店。

平江路和其他城市的步行文化街类似，各种小吃、文创、小店、民宿等，因为开发晚，商业味还不太浓。有王道先生带路的好处是，我们没有在文化街溜达，而是深入路两边的巷弄。先去张家巷的中国昆曲博物馆看看，馆址是原全晋会馆，院子保存得非常完整，尤其是戏台非常气派。馆内展出的晚清宝和堂昆曲堂名灯担是“镇馆之宝”，门口的“与古人交”牌匾非常有气度。馆出口处，设有馆属书店——百花书局。这家百花书局创立于 1993 年，已有 27 年历史，主要经营昆曲类书籍、杂志和唱片，还有昆曲相关的文创等。

接着王道建议去礼耕堂看看，这也是苏州“富潘”家的宅子，在平江路卫道观前 3 号。这个院落非常小巧精致，院内有茶馆和初见书房，有茶有书，适合惬意地呆坐半天。初见书房很漂亮，里里外外

慢书房

端详一番，每处细节都很用心，充分体现苏式文艺生活的精致。

附近还有两家书店，王道建议去看看，一家叫苏派书房，另一家叫慢书房。但大半天逛下来，小茶包同学累了，也困了，就带他在慢书房的沙发睡了会儿。

慢书房是苏州著名的书店。到苏州当天晚上，王道组局在老苏州菜馆吃饭，慢书房老板鹿茸、羊毛夫妇也在，一聊才知道，鹿茸先生和我纯温州老乡，而且是一个县的，一见如故。他们夫妇邀请我们一家体验慢书房新开的民宿——书舍。饭后我们步行去书舍参观，非常有爱有心的书主题民宿，只有四个房间，每个房间门口有一本书，房间根据书的故事来布置，有一间叫“且听风吟”，根据村上春树的作品而来，房间为日式榻榻米，还有一间叫“小王子”，我们带着茶包，可以住这间儿童主题的房间。书舍除了是民宿，也是书店，客人在这里可以随便看书舍里的书，退房时，店主还会精心挑选一本好书送给客人。可惜我们这趟行程酒店都订好了，不能退订。遗憾错过体验书舍，下次来苏州，定再来。

王道先生说，苏州这些年开了很多独立书店，可惜我们没有更多时间一一去拜访。第二天，约了去王稼句先生家。王稼句先生是来苏州必定要拜访的人，他的书房“听橹小筑”也是非来不可的。跟

听橹小筑
多次去苏州造访
王稼句先生的书房
「听橹小筑」，赞叹
王先生书房的规模
和整洁，这是爱
书人理想书房的
样子，可惜每次
都太匆匆，没能一一
品味小筑之美好。

听橹小筑

王先生认识很多年了，做副刊编辑时也发过不少他的大作，这是第一次拜访他的书房。

听橹小筑占整一层，共有四个房间，每个屋都是书，码摆得很整齐，分类也很清晰。看着一屋子书，小茶包问王伯伯有没有玩具，说没有，他就按耐不住了。最后，躲到一边看 iPad 了。我们坐着聊天。没待多久，茶包同学要回酒店睡觉，我们就告辞了，没好好欣赏这片苏州独特的风景。临走稼句先生题赠新作《怀土小集》。

怀土者，安于所处之地也。稼句先生生于苏州，长于苏州，谋事于苏州，对苏州有深厚乡情。这本书所收均为苏州史地文章，对我们了解苏州乡土往事很有启发。王先生也是苏州著名吃货，对吃喝很有研究，书中所收《苏蔬摭谈》八篇，分别谈了白菜、菠菜、韭菜等八种蔬菜，非常真实地描绘了本土史地与日常生活的交织。

后两日住在苏州工业园区，和老城完全两个世界。这是很现代化的城市结构，高楼林立，湖光秋色。著名的苏州诚品书店就在园区，金鸡湖边。不能免俗，也去逛了诚品。一个集书店、文创、展览、饮食、娱乐、服装等为一体的大卖场，比起大多数卖场，诚品更丰富，细节更讲究。茶包同学直奔儿童区，于是，我们整个下午都待在儿童区。

王道先生也住在园区，于是，去他书房“一水轩”

苏州作家王道兄的书房去过一次，四面墙都是书，不同的课题在各自书架，分类明晰，让人羡慕，中间是他夫人的版画工作台，互不干扰，又相辅相成。
绿茶 二〇二〇.三.二

王道书房

参观。书房整齐有序，分类清晰，宝贝很多，各种原始史料、复印档案、私人信件、照片等等，都是他各项研究的重要资料。王道先生的研究很有章法，几个选题同时进行，并且有序推进，研究之余，还写些小说在文学刊物发表。王道夫人杜洋是苏州版画创作者和研究者，书房也是她的工作室，临走送我一张猴年版画，非常珍贵。

苏州之行，王稼句、王道两位王先生，对我启发很大，爱书、读书之人，把自己书房打理好很重要，在自己营造的舒适书房里，阅读、研究和写作会更舒心，更高效。回看自己杂乱的书房，真不适合阅读和写作，打理一下书房势在必行。

中国昆曲博物馆
“与古人交”牌匾

苏州状元博物馆

苏州状元博物馆

在“听橹小筑”聊天（左起：苏州藏书家姚文、学者王道、绿茶、书房主人王稼句）

与文学山房旧书店
江澄波老先生合影

文学山房旧书店

琴川书店

苏州书舍小院

番外篇

姑苏书游记（下）

应苏州慢书房邀请，和藏书家韦力兄去慢书房做一场《书楼觅踪》新书分享会，主题为“江浙藏书文化漫谈”，同时邀请了苏州文化名家王稼句先生做嘉宾。这一次，终于入住慢书房创办的书主题民宿书舍。

晚上王稼句先生张罗，在平江华府用餐。这里原址为清代苏州大藏书家黄丕烈故居，虽然现在看不到任何关于黄丕烈的影子，但能在他藏书楼原址的位置一群爱书人和藏书家在一起用餐，也是人生一大乐事。在座还有几位苏州本土藏书家，听他们讲述不少关于藏书的故事，也是非常快乐。最后当然是韦力先生签书时刻，他们收藏韦力作品的不同版本真不少，韦力兄认真地为每一本题签。

书舍安静，一夜好睡。

早起，书舍精致早餐很治愈。早餐后韦力兄说

Albert's Bookstore

艾伯特的书店

去逛藏书楼，我则准备照例逛书店。去年写过一篇《姑苏书游记》，主要写了苏州老城里的几家书店，文学山房旧书店、十方书屋、百花书局、初见书房、苏派书房等。今天，王道兄带我去苏州新城工业园区的几家书店逛逛。

在等王道兄来的时候，我先去书舍不远的雨果书店瞜一眼，结果人家早上还没开门，只好回到书舍，坐在小院里发呆，随手画一幅小画。还没画完，王道兄来了，匆匆收场就出发逛书店去了。

第一站，离诚品书店不远，艾伯特的书店，店主是个大学教授。看书店logo，一个小孩仰望着星空，很温馨的画面，店门口的繁星点点也特别吸引人停足和进入。书店有很大一片面积是童书的，还有很多关于儿童阅读的推广活动和课程。“在文字间观自我，从书店里看世界”，很喜欢这句书店slogan，非常符合每个逛书店的人的心境。书店就在地铁口，店面不大但很精致。

第二站，斜塘老街的坐忘书房。这片是新式仿古建筑，书店规模不小，楼上楼下两层，还有很大一片室外座椅。店内书架和座椅融为一体，很有书房的感觉。我们来的时候，店内很多人坐着看书，都不太好意思多逛，怕影响别人安静地看书。点了咖啡，沿着窗户那排座椅坐下，窗外是一条小河。坐在这里看书，的确能让人忘了时间。

在书店里选了一本《苏州杂志》看，王道兄则在看我送他的《瓯风》杂志。前者是苏州本土史地杂志，后则为我老家温州史地杂志，我们相互阅读彼此家乡的过往与故事，也是蛮有趣的互读。

回老城路上，路过耐思书店。这是慢书房老板新开的一家书店，服务写字楼白领。我们停下车想进去逛逛,结果书店关门。后来听慢书房老板鹿茸说，这家书店跟白领们同步上下班，周六日休息。

午饭后，提前去慢书房看一下晚上活动的场地。店内的沙龙预告写在黑板上，立在收银台前面，很显眼。嘉宾韦力和王稼句两位老师的书已经专架展示出来，店内还有几个展台，展示着最新好书和之前活动嘉宾的一些书。

慢书房很小，但书的陈列很讲究，分类清晰，选书有品。虽然地方不大,但专门辟出一块活动区域，自创办以来，文化沙龙活动一直是慢书房的显著特色。几年来，举办上千场新书沙龙活动，对于这家小书店来说，坚持沙龙活动是他们的特色，也是老板鹿茸坚持的原则。

慢书房位于观前街商圈，房租很贵，对于独立书店而言，这是最大的成本。而对于坚持以沙龙活动为竞争力的书店，有一个更大的活动空间固然是最好的，但鹿茸始终选择坚守在这一带，在商业浓厚的区域，慢书房保留一点文化的存在，这是很让人敬佩的。

老板鹿茸是我的温州老乡，却在苏州坚持着一份书店事业。第一次来苏州认识他，就特感亲切，所以，这次策划了韦力兄的《书楼觅踪》，首先想到来慢书房做一次新书分享。在苏期间，鹿茸的安排和招待也很用心，估计就是这样的用心，让慢书房的沙龙活动能坚持下来，也给来参加过沙龙的嘉宾留下深刻印象。

鹿茸兄告诉我，观前街一带还有一家书店叫半书房。这个名字我很熟悉，因为在我老家温州苍南也有一家半书房。

跟着手机导航，拐进一个很小的弄堂，看到半书房小小的门脸，大门紧闭，推了推，锁着，心想不巧，白跑一趟。

然后，看见左边还有一个更小的门半开着，推门进去，果然是通的。书房内没开灯，有几个人在靠窗位置坐着，还有一位先生在拉琴。

一位女士起身招呼我，知道我远道而来，而且是温州苍南人，就开始给我介绍半书房的情况。

原来老板是一名教育工作者，无锡人，因为在苍南工作的机会接触了苍南的半书房，觉得这个品牌和自己的理想契合，于是回苏州开办了一家半书房，以教育、培训和沙龙活动为主旨，已经开办有一年时间。门脸虽小，店内却别有洞天，空间不小，

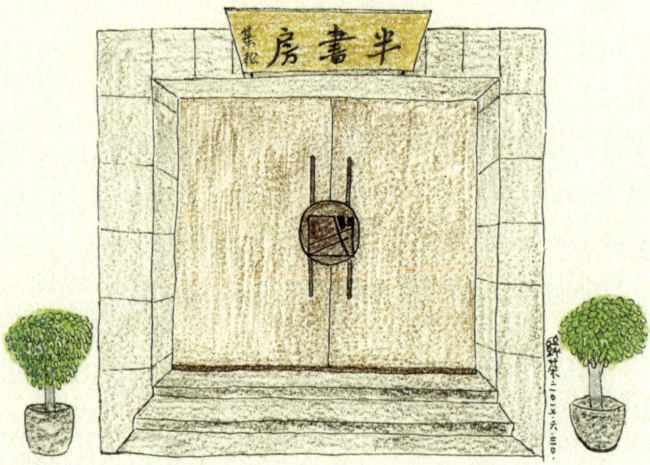

半书房

可以举办不同类型的沙龙活动。

最后一站，王道兄带我去了苏州古旧书店。这个书店名气好大，曾多次听韦力兄提起他当年收古书时，和苏州古旧书店的密切关系。当然，随着古书越来越少，更多的古旧书店都在转变经营方式，比如通过孔夫子、布衣书局这样的网络平台销售旧书。

苏州古旧书店也在观前街地带，共三层，一楼以新书为主，二楼主要经营文房，三楼有稀稀一些二手书。

晚上 7 点，韦力新书沙龙吸引了大量苏州爱书人，还有一些书友从诸暨、湖州等地赶来。韦力兄的访书楼故事动听有趣，现场不时传来欢笑和惊叹，两个小时很快过去。之后，排起长长的签名队伍，很多书友抱着一摞一摞韦力的书，韦力兄一一认真题签，字迹工整。

活动结束已晚上 10 点多，慢书房的灯光孤独而温暖，愿每个城市都有美好的书店灯光。

初见书房

坐忘书房

小楼旧舍

慢书房

雨果书店

耐思书店

半书房

诚品书店（苏州店）

艾伯特的书店

洛阳书游记（存目）

因家事错过书店行洛阳站，古都洛阳是我一直心向往之的城市，希望早日再去洛阳，“洛阳亲友如相问，就说我在逛书店”。

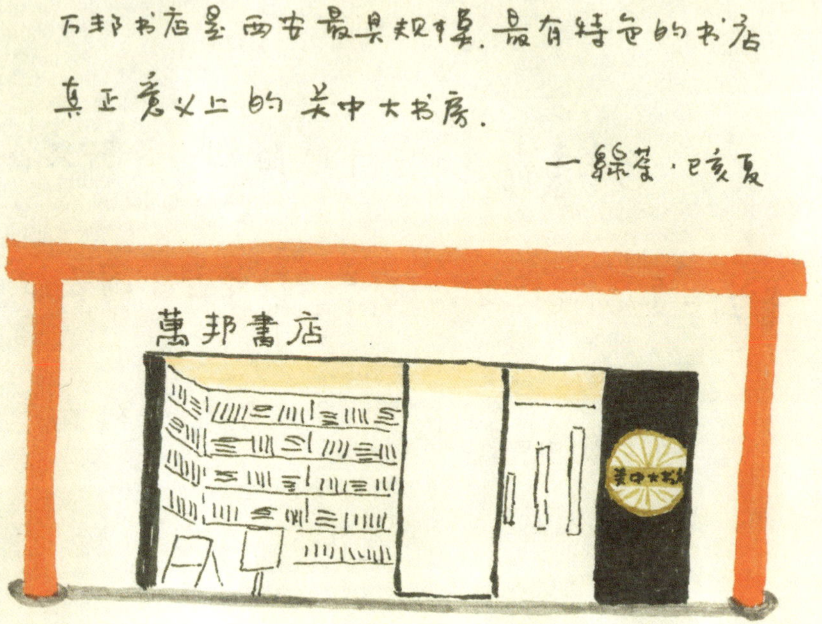

万邦书店

西安书游记

午后抵达西安，坐地铁去著名的思想文化空间“知无知”。在小寨下地铁，找到兴善寺西街，不料在大兴善寺门口，有一排长长的旧书摊，已是傍晚，多数摊都收了，改天再来淘尽兴。

知无知在大兴善寺正对面，看到有一场读书会正在举行，很多人围坐，有一位老师在台上演讲。但屋内很黑，没有开灯，我不知道大家这是玩什么行为艺术。一问才知道，店内突然停电了，正在设法维修。其中一个店员认出我来，他说在北京参加的一个活动上见过我，然后，把我引见给知无知创始人谌洪果老师。

久仰谌老师，他原本是西北政法大学的副教授，出于特殊原因辞职办了这个思想空间，用实际行动推动思想文化传播。这个文化空间除了有专家讲座、艺术沙龙、诗歌朗读会等，更频繁的是读书会。我

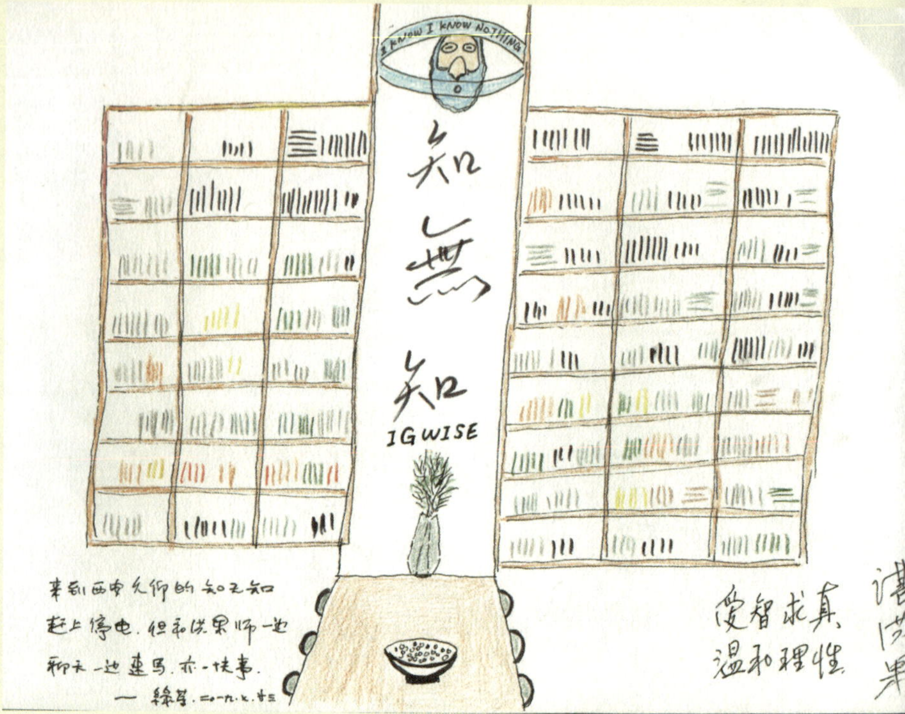
I KNOW I KNOW NOTHING
知無知
IGWISE
来到西安久仰的知无知
赶上停电，但和洪果师一边
聊天一边速写，亦一快事。
—— 绿茶
爱智求真
温和理性

在墙上看到一张读书会安排表，大概有十几种类型的读书会，哲学读书会、历史读书会、文学读书会、心理学读书会、教育读书会等等，还有一个作家或一本书的读书会，如《红楼梦》读书会、张爱玲读书会、《存在与时间》读书会等等。谌洪果自己多年来带着会员读原典，读康德、读海德格尔、读柏拉图等等。

我多年来也办读书会，自然在这个问题上和谌老师有很多共识，互相交流读书会的运作。由于我们办的“阅读邻居”读书会纯粹是兴趣，没有任何商业运作，读书对我们来说，是每月一次的阅读社交。而对于知无知，因为是一个商业实体，自然要考虑到读书会的运营，用非常切实的干货，让学员们从中真正感受思维的乐趣。也自然面临很多经营上的问题和压力，但几年下来，知无知凭借自己对知识的信仰，以其扎实耕耘、境界高远、爱智求真、终身学习的理念，形成越来越大的影响力，同时也探索出自己的商业模式。

和谌老师在黑暗中嗨聊了一个多小时，其间还速写了知无知一角。这三个字是谌洪果的老师北大贺卫方教授的手迹，我先让康老师在素描本上写下这三个字，然后围绕三个字画下知无知一角。有一位店员，一直用手机帮我照亮。谌老师最后在小画上题签“爱智求真，温和理性”。

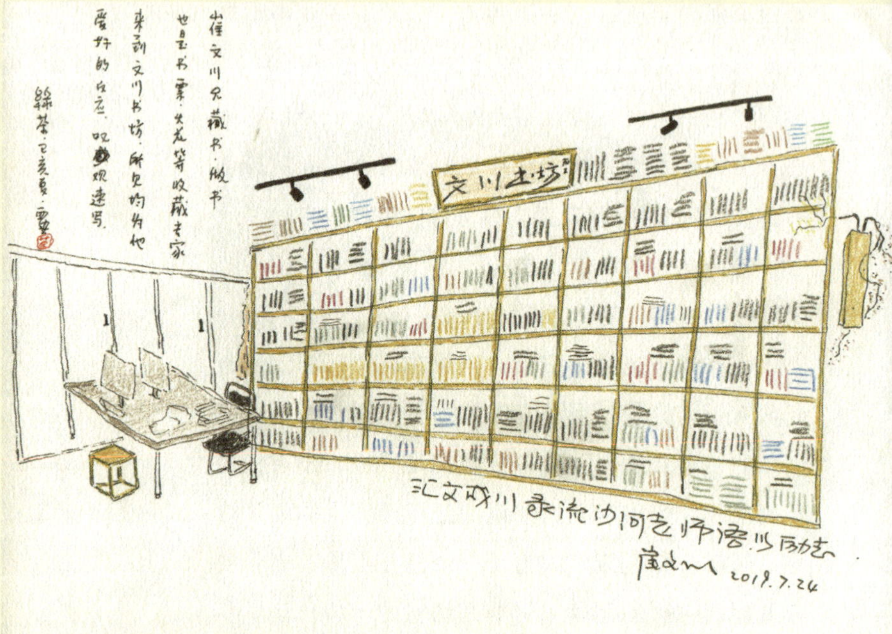

文川书房

次日，先去拜访崔文川兄书房。文川兄是书界多面手，既收藏书籍、藏书票、花火、啤酒花等等，也是出版人，策划出版了很多好书，还是书籍设计师，给不少出版社做装帧设计，以及设计制作各种文创产品。总是，书及其周边，没有他不涉猎的。文川书房也好几处，他用大房、二房、三房来区分，我先去了其中一房，这栋房里每个屋都是书，还有他的各种藏品，花火、啤酒花等，有一个屋子挂满了藏书票。

喝几杯老茶后，去另一房。这一房更像是他的工作室，屋子里收拾得很利索，有正式的办公桌和电脑，平日里会友、策划书、做装帧设计等应该都在这里完成。我在这间书房画了一张速写。认识文川兄这样的人生赢家，好处就是，到了西安就能享受到人生赢家级文化享受。中午吃饭时，瞬间聚集了侯本英、大乐等几位西安爱书人，臭味相投，多喝几杯。

饭后，在他们引领下，正式开启西安书店之旅。

先去了小雁塔，这个院里有一家书店叫雁园书社，是万邦书店旗下旅游主题小书店。店里售卖的很多文创系文川书坊出品，文川兄曾经在小雁塔院内办有一个火花博物馆，小雁塔这个美丽的小院，曾经是他工作和战斗的地方。

我们一行又来到兴善寺西街。今天寺门口的书摊全都开张了，一排排扫过去，如果仔细淘淘，或许会有一些值得买的旧书。这排书摊对面，一栋大楼地下一层，是一个规模很大的旧书卖场——伴山书屋，有不同类型的线装书、旧书、二手书、小人书等等。大乐也是做旧书生意的，跟他们人很熟。听他介绍，这家卖场的模式有点类似线下的孔夫子。他们自营旧书，别人有一定规模的旧书也可以在这里设摊，还可以代销等等。

一位工作人员正在刚打开的几个麻袋旁整理刚收到的书，做标签，写定价。我直接从麻袋里淘一些书出来看，这批书很杂，旧书、报纸、信札、老照片等都有，如果有时间真可以慢慢淘淘。这个旧书大超市，什么类型的书和旧物都有，这种模式的线下店其实蛮值得提倡的，让淘书者各取所好。

淘书之乐，就在于这种从麻袋中淘出来的每一次惊喜。

文川兄建议进大兴善寺转转。门口寺碑介绍了这个寺的历史：

> 隋开皇二年（582）建都大兴城时，寺院占城内靖善坊内一坊之地，隋文帝取城名“大兴”二字，取坊名“善”字，将寺院赐名为“大兴善寺”。唐开元年间，大兴善寺为当时三大译经场之一，许多佛教经典在此译出，尤以密教典籍最多，大兴善寺因此称为中国汉传佛教密宗祖庭……

兴善寺隔壁就是西安著名的文化地标——万邦书店·关中大书房。这家诞生于2004年的书店，虽然几经迁徙，但那标志性的大车轱辘，让人一眼难忘。门面很小，还有一棵巨大的绿植挡着，走进去发现，真是个花店。大乐兄说，不久之后，门口这个花店会变成他运营的“万邦古旧书房”。没过多久，就在网上看到大乐兄主持的“万邦古旧书房”开张的消息，每天看他分享的书友淘书照片，真是热闹非凡。

万邦当然不是那种靠着门脸吸引读者的书店，他在西安几乎无人不知，这就是地标书店的意义。书店到哪儿，读者就会跟到哪儿。如今，万邦书店已经四处开花，甚至开到一些乡村，如留坝书房。我们在西安的落地活动就安排在万邦书店蓝海风漫巷，这家网红书店的确太惊人了，这些年看过太多“最美的书店”了，但走进蓝海风·万邦，还是被这家书店“美”到了。每次在这样的书店，总有种晕眩感，不知道怎么逛，也不知道去碰触哪些书。

书店之美，不同的人有不同的理解，但这种怎么看都美的书店，我只能报以大写的服。掌舵人魏红建先生不愧是书店运营高手，既能做出关中大书房这样的人文地标书店，也能做留坝书房这样的乡村书房，还能进入商城书店领域，打造最美和网红书店，这样的能量只能让书店从业者们羡慕嫉妒恨啊！人生赢家啊！

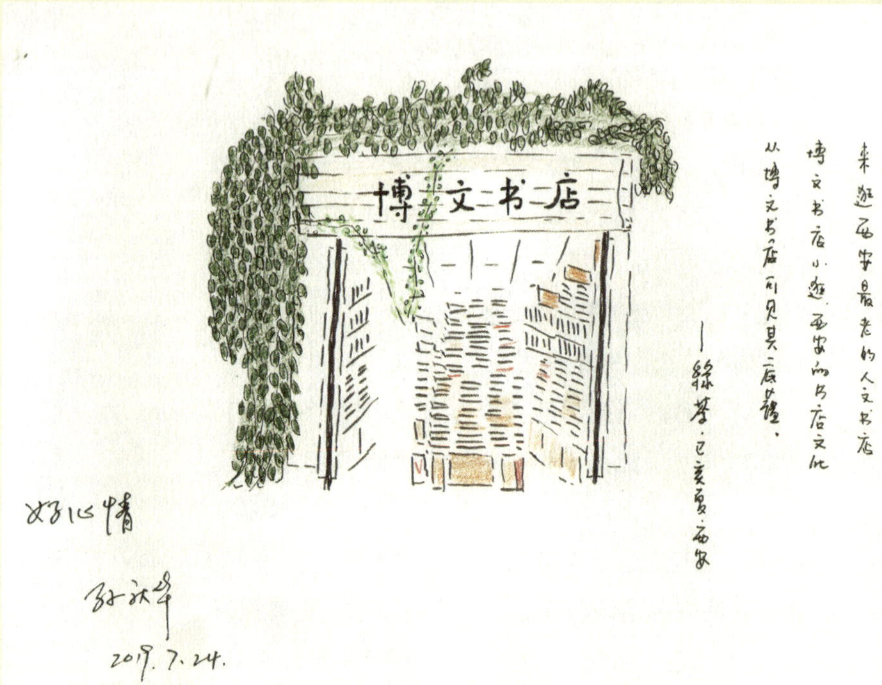

博文书店

最后，再去逛一家有20多年历史的博文书店。这家书店可以算是西安最老的人文书店，也是小小的门脸，只有一个单元的店面，可店内的书密度很高，淘书难度也很大，大多数书都被一层又一层书摞着压着，但对于西安读书人来说，这样的堆积才是淘书生涯的回忆——那些年淘剩的书，似乎一点点被累积在了下面。店主孙庆华先生几十年的书店生涯，深得版本目录学知识，虽然这是一家以新书为主的书店，但线装书也是重要的经营范畴，很多西安藏书家可能长期通过书店来订货。

我在门口速写一张。店主孙庆华先生题："好心情！"

这一天西安书店之行，真是心情大好。感谢书友们陪伴。

至此，最美书店行结束。八个城市八个书店八种味道，这一趟不仅是"最美书店行"，也是最难忘的旅程。感谢Sally、邹邹和鲁静三位姑娘一路同行，你们让"最美书店行"美醉了。在我心中，书店是一座城市独有的风景，甚至是最美风景。所以，这些年在各个城市游走，也享受着不同城市不同的书店风景。这样的旅程我还会继续走下去，一直走下去。也希望这本小书，能陪伴大家感受这份美好。

蓝海风·万邦

最美书店行

（西安）万邦书店

兴善寺墙外旧书摊

伴山书屋

老书房

知无知

文川书房里挂满藏书票

博文书店

最美书店周将在这里收官
中国最美
书店周
CHINA BOOKSTORE WEEK
新青年
你走的
每一步都
2019 7.19
14:00-16:00
GAP MONTH
当我们看星星时，我们看见了什么

新青年
GAP M

阡陌书店

济南书游记

在济南停留时间太短，只匆匆逛了如下几家书店，这次的路线很简捷，从经三路一路往北，先后逛了中山公园书市、书之缘书店、文森博书店、阡陌书店、鸿宾书店、共读书房、斐塔·书生活、品聚书吧、新华书店、悦客书吧、济南古旧书店。近些年，济南又新增了不少书店，以后再来逛，增补续篇。

阡陌的很多细节角度都
可圈可点、这是其中一角。
阡陌書店
[Book & cafe]
綠茶 二〇一九.十一.廿二
阡陌纵横 书声遍处
郑国栋

阡陌书店

阡陌书店所在的经三路这排老房子，外墙贴着金黄色瓷砖，房子共有六间，左三间为创始于 1932 年的皇宫照相馆，右三间为阡陌书店。从外墙看，这栋老房子很有年头了，阡陌书店遮雨帘上落满了尘土，和这栋老房子天然搭调。

进到书店，有一股浓浓的民国味儿，每个书架都摆放着一些小装饰，跟架子上的书和谐相处，店内小角落和小书架都呈现小主题，体现出店家的用心。二楼是咖啡和活动区，民国范儿更足，置身其中有点陌生感，但却感觉很舒服。由于来得比较早，书店内只有我一个人，在二楼一个人发了会儿呆，总觉得哪根神经被触动了一下，又觉得这里好陌生，不是我久待的地方。

PS：经三路这家阡陌书店，终因房租涨价而停

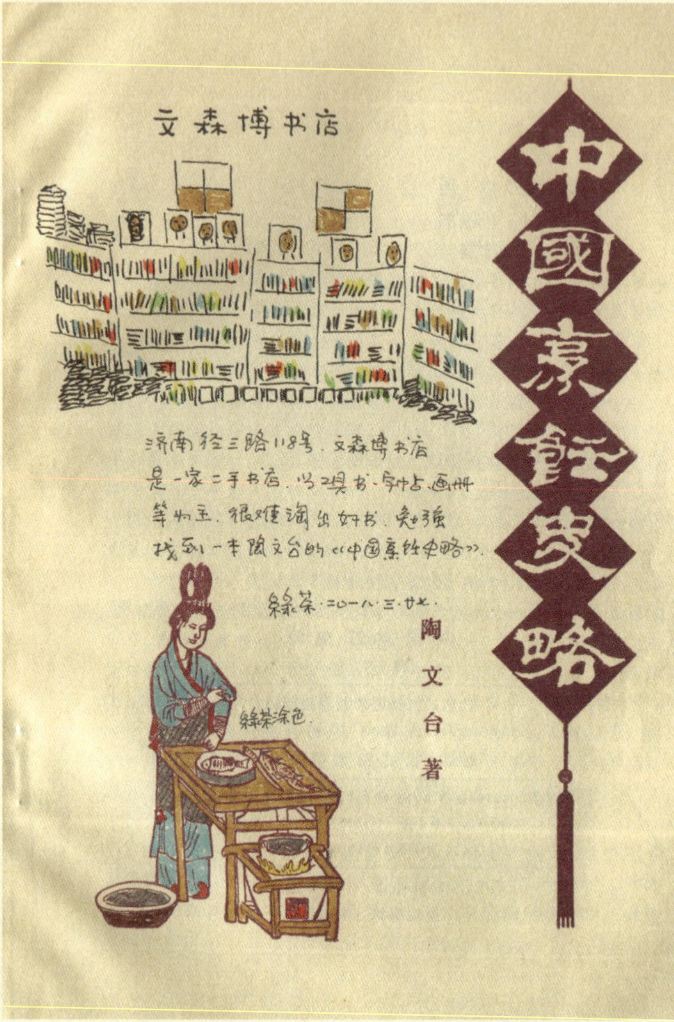

济南文森博书店淘书小记

止了运营。2019 年 10 月 10 日，阡陌书店移师胶济铁路博物馆，我应邀参加当天的开张仪式，和书友们共同庆祝和见证阡陌书店在济南城的全新亮相。胶济铁路博物馆主馆为 1915 年建成的胶济铁路济南站旧址，在这栋百年前的老建筑里，书店这种生态越发显出其底蕴和魅力。

作为济南独立书店的代表，阡陌从经三路转战胶济铁路博物馆，虽然距离不远，但这一步又是一大步。阡陌创始人郑国栋坦陈，经历多年的探索，阡陌已经非常清晰自己的运营方向，未来，将在济南本土发挥作为一家文化机构的真实影响力。

离开阡陌书店时，问店员，附近还有书店没有？店员说，往南一点有两家二手书店。

第一家二手书店位于经三路 118 号，叫文森博书店。和大多数接地气的二手书店一样，这家店里各种画册、字帖、红书、盗版书……一早就有很多老先生在这里仔细淘书，里外共有三个屋。我也里外里仔细找了一遍，居然找不出一本可以买的书，本着逛每家书店一定要买书的原则，勉强找到一本《中国烹饪史略》。

再往东一点 124 号，还有一家二手书店，门口没有店招，经营类型和上一家差不多。这次没有心思再仔细淘了，匆匆逛一圈，发现书店营业执照上写明这家书店叫书之缘书店。

然后往北溜达，辗转到经三路 106—3 号门口，看到码着一些书。进去一看，这也是一家二手书店，老板正在拍书发朋友圈，五元两本。我们聊了几句。

老板说：“先朋友圈卖一轮，没出货就上到孔夫子网，现在来店里买书的已经很少了。我原来是新华书店员工，快退休了，自己开个二手书店，书店叫鸿宾书店，门口没挂招牌，孔夫子上能搜到。”

“您知道附近还有什么书店吗？”

“你往南走一点进中山公园，那里有个书市，就像你们北京的潘家园。”

告别书店老板，往南走没多远就是中山公园，进去左转看到一片院子，都是卖旧书的。这片区域比潘家园卖旧书那片区域还大些，当然，书也是千篇一律的那些品种，画册、字帖、红书、畅销书……

逛完这片区域，准备骑单车去下一家书店。骑行路上，看到一家共读书房，曹文轩题字，很气派的一座独栋房子，进去看了看，其实是一家亲子绘本馆，不同的房间不同的课程，来来往往孩子挺多，如今亲子空间的确有很大市场。还路遇一家蓉斋书店，卖参考书和文具为主，没有停留。

接着骑行到济南第一高楼绿地中心，这里有一家斐塔·书生活。推门进去，服务员说这里今天被包场了，不对外接待。好气，还好门口有两只萌化了的小猫在睡觉，治愈了我一下。

济南老城不大，一家店到下一家店，骑行都不超过五分钟。于是继续骑行到恒隆广场，四层有一家品聚书吧。这个书吧有不小的空间，窗外视野很好，来这里阅读、休息的人很多，我也要了一杯饮料休息一下。书吧店员很用心，塑封的书上都贴着一张店员手写的本书简介，给读者了解书提供一些方便。

恒隆广场对面有一家很大的新华书店，店内一楼和二楼之间，夹道上有一家悦客书吧，供读者阅读和休息。书吧墙上，挂着不少来这里做过活动的嘉宾照片。

最后一站，要去山东大学南门的济南古旧书店，韦力先生正在那里坐店和读者交流。古旧书店一楼也是新书，二楼有不少线装书和古旧书。上得二楼，韦力兄正和齐鲁书社及书店的老师们在聊天，还有一些朋友买了韦力作品在签名。我也顺手请韦力兄签了几本新版《古书之美》送给朋友。在这里稍稍休息和停留就告辞了，赶 6 点火车回京。

PS：前一天下午和韦力兄在青岛做完活动来到济南，傍晚，山东大学杜泽逊教授夫妇开车来酒店接上我们，去山大校园内一栋老建筑教学楼，拜访闻名已久的“校经处”。杜泽逊教授安排韦力兄和他的弟子暨“校经处”学员们做了一番交流。

……关于“校经处”是什么样的“秘密基地”，以后有机会再撰文绍介，这次暂不赘言。

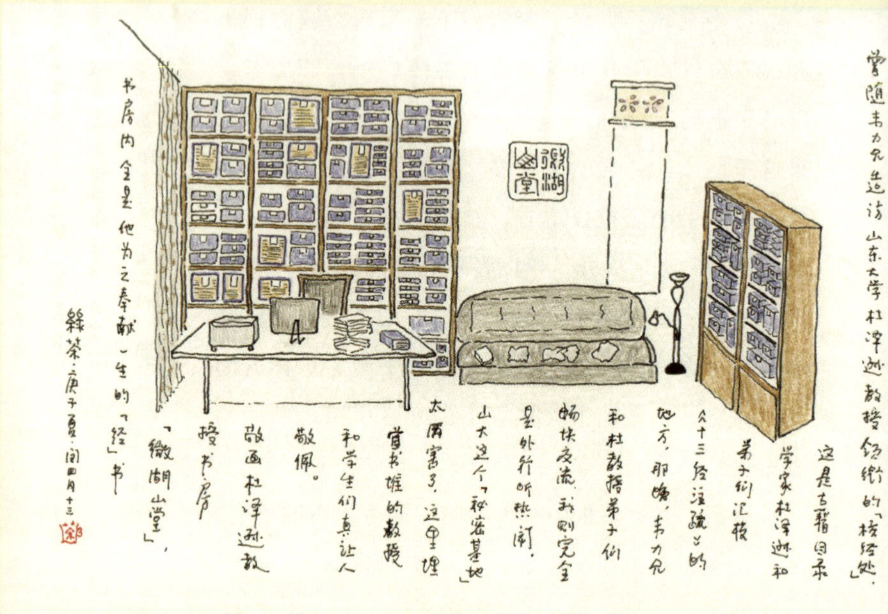

杜泽逊教授的书房“微湖山堂”

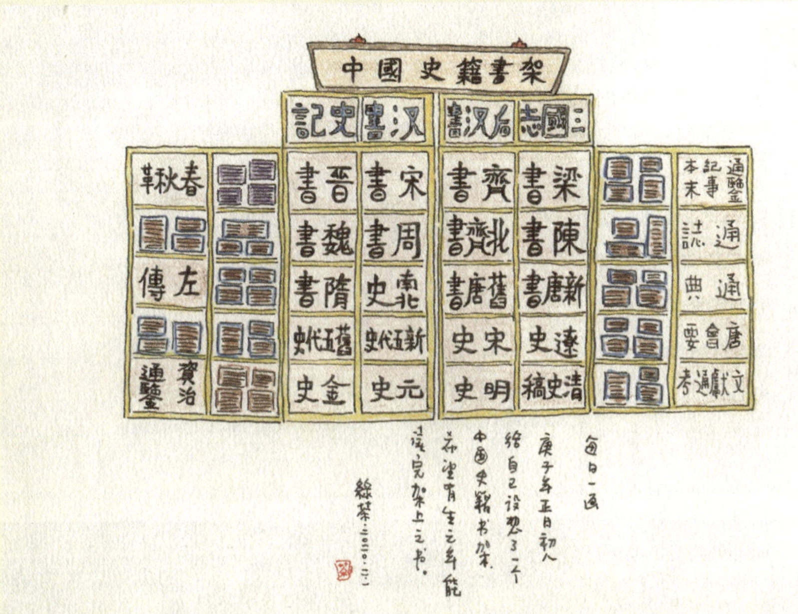
中國史籍書架
史記
汉書
后汉書
三國志
春秋
左傳
資治通鑒
宋書
晉書
周書
魏書
北史
隋書
新五代史
舊五代史
元史
金史
梁書
齊書
陳書
北齊書
新唐書
舊唐書
遼史
宋史
清史稿
明史
通鑒紀事本末
通志
通典
唐會要
文獻通考
每日一画
庚子年正月初八
给自己设想了一个
中国史籍书架。
希望有生之年能
读完架上之书。
綠茶 二〇二〇.二.一

中国史籍书架

济南古旧书店

中山公园书市及附近书店

阡陌书店（皇宫店）

阡陌书店（皇宫店）

悦客书吧

阡陌书店（胶济铁路博物馆店）

斐塔 · 书生活

品聚书吧

孤岛阅读

青岛书游记

先后两次因书而来青岛，一次因王道兄之邀，在青岛书城做《一生充和》首发，另一次则是和韦力兄来青岛推广我策划的《书楼觅踪》，每次都安排青岛书店行程。此为第一次青岛书店之旅的记录。

青岛书城明阅岛签名墙

王道新书首发在青岛书城举行。这家新华书店旗下的大型书城选书很有品质，活动区城市课堂周边，以人文社科图书及各类活动嘉宾书为主，看到很多熟悉朋友的书。

书城二楼一个角落，有一个店中店叫明阅岛（MYD），是青岛首家24小时书店。小店小巧精致，选书清新有品，有不少台版艺术、旅行、人文方面的书籍。青岛书城晚9点关门后，明阅岛另一个门通向楼下24小时超市。每个城市应该有这样的书香夜灯，留给那些喜欢夜读的人。

除了明阅岛，青岛新华书店旗下还有两家特色店。一家叫涵泳复合阅读空间，离我住的酒店不远，骑共享单车两分钟就到。这家书店叫复合阅读空间，的确名副其实，店内各种文创、玩具、活动空间，都有很好的设置，虽然地方不大，但井然有序。和青岛书城一样，这里也有一个城市课堂，举办各种形式的文化沙龙。站在这片阅读空间，面朝大海，可以远远看到青岛著名的石老人海水浴场。

逛完涵泳出来，蹬上单车顺着海尔路，骑行不久到了青岛出版集团大楼，一楼有家 BC 美食书店，也是新华书店旗下的。这家书店以美食和生活图书为主，店内有几个包间可以吃饭，包间内也是各种让人胃口大开的书。我到得比较早，还没到饭点儿，坐着喝杯咖啡，翻看店内免费内刊 *BC MIX*。

这家书店的 slogan 为“发现生活之美”。内刊上一段话，阐释其理念：“一家雅痞的美学生活馆，一家酷锐的生活方式书店，一家雅致的手作美食店。关于都市、生活与人、阅读、美食、匠心、黑胶、新影像、咖啡、艺文，都是我们隽永的灵感之源。”

青岛朋友说，这家书店的餐非常好，可以享用一下，可当时离午饭时间还早，一点都不饿。后来在泉州，听陈晓卿也说这家书店的餐特别好，想想好口水，应该品尝一顿才好。第二次和韦力兄来青岛做活动时，主办方特意安排我们在这家书店美餐一顿，果然，大快朵颐。

青岛很多路都是斜坡，书店附近找不到单车的影子，步行着去对面的青岛体育中心，体育馆内有一家著名的如是书店。

书店在体育馆一层，空间很大，窗户外就是体育场，有几个人正在踢球。去过南京的先锋书店，也是一家建在体育馆的书店，两家书店各有特色。店内看书的人很多，用餐、喝咖啡的人也很多。感觉体育馆这样的多元空间（国内大多数体育馆都集运动、餐饮、儿童乐园等功能），有一家书店还是蛮搭的，让运动的人，吃饭的人，孩子们和家长，有一个安静的去处。

逛完这三家书店，打车去了老城区。在广西路和安徽路口下车，是青岛邮电博物馆，著名的良友书坊就在这栋老楼里。一层主要是文创和咖啡区，顺着楼梯上楼，楼道上展示着邮政百年图片，四楼书店区域更大，也是书、文创和咖啡的融合空间，坐在这里，整个人很放松，适合虚度一个下午。

青岛日报社副刊薛原兄以前参与这家书店运营，当天没打听他在不在。后来，见到薛原兄才知道，他已经不参与良友书坊了，而在叁零文人书店主持策划文化沙龙活动。

良友书坊门前的小岔道叫莒县路，离良友不远有一家很小很小的小城书店。书店门口有个小牌子，记录了这家小书店的小故事：小城书店所在的莒县路始建于1900年，最初叫梯而匹兹街，是一条很美的银杏街。书店隔壁曾是德国人的兹而 · 爱赫旅馆，对面历经胶澳商埠公立通俗图书馆（1924）、青岛市人民图书馆（1949）等。小城书店与不远处的嘉木

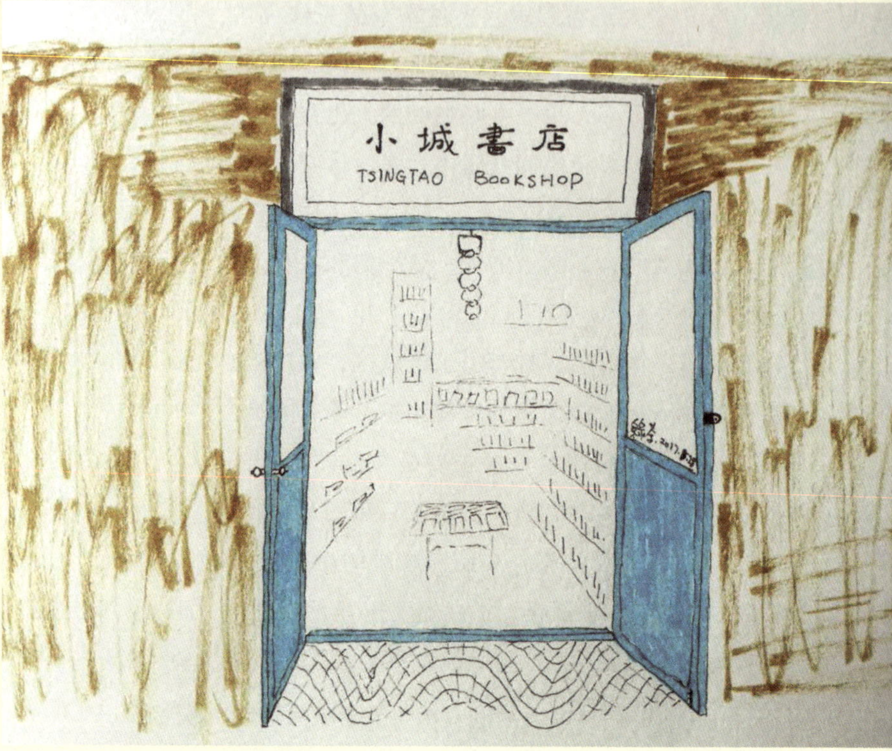

小城书店

美术馆是一双姊妹，都是老房子的艺文空间，都很小，都想让自己与青岛一起美好。

看完这段文字，真的感到一种美好。然后，步行去了不远处的嘉木美术馆。这个小型美术馆在一栋老别墅里，有几个小型画展，其中一个美国大学的小型学生插画成果展很有特色。在美术馆的荒岛咖啡馆坐了会儿，陶醉一下这小小的美好感觉。

路口拐个小弯进入湖北路，见到一栋三层小楼，这里是青岛文学馆，也是个集咖啡、文创、书店、展览为一体的艺文空间，墙上展示着青岛近现代的文学发展史，有各种手稿和老版本书、老期刊。每个城市都应该有这样的文学角落，静静地，在喧闹城市中保存那种纯粹的文学梦想。

这一带一步一店，沿着湖北路慢慢步行，偶遇一个写有 BOOK 的灯箱。在灯箱处进入，是一个朴素的小院子，门口茂密的绿植，穿过去推门进入，这里有一家叫纸有境界（VenaTao）的小书店。店内以各种宣纸、毛笔，以及书法、艺术相关书籍为主，也就是以“纸”为主，很小的空间，是纸的世界，连书架都是纸箱构造，的确是一家有境界的小书店。这家书店不在我走访之列，属于偶遇，小有惊喜。

沿着湖北路继续漫游，到了 1907 光影俱乐部，这里是德国水兵俱乐部旧址，现在是艺文综合体，内有浮士德书店和叁零文人书店。浮士德书店很小，

青岛薛原兄，有「我们书房」一间，
这是家以外独立的书房空间，每日来此
读书、
画画、
会友，
如此清静之
所实在让人
羡慕，我曾
两度造访，
一次和韦力兄
另次和王道兄，
书房内
挂满葫芦
形态各异
甚是有趣，薛原兄每日在书房画葫芦为乐。
绿茶·庚子春日有和の

薛原兄的我们书房

但很有情调，以卖浮士德各种版本以及德国相关书籍为主，很难想象这样一家书店，如何在这样的空间里有自己的生存空间。

然后，逛叁零文人书店，今天有一个主题为“梁实秋与青岛”，由青岛一位大学老师主讲。主持策划这家书店文化沙龙的薛原兄，本次青岛之行本不想打扰，没想到在这里巧遇，约定明天去他的“我们书房”小坐。我坐着听了一会儿，然后与薛兄告辞，去逛下一个书店。

听青岛大学张文彦老师介绍，青岛一位有文化情结的人，开了六家特色不同的独立书店，浮士德书店和叁零文人书店就是其中两家。此外还有荒岛书店、小城书店、ARTBOX 书店、祥子书店、嘉木艺文等，都是他开的书店和艺文空间。

前一天和王道兄去寻访沈从文故居，故居没开门，就去对面的苏雪林故居内的荒岛书店坐了会儿。这家小书店的确给人惊喜，在一个小小的阁楼上，以沈从文、张爱玲及别的一些现代文人作品为主，同时有不少自有品牌的文创产品，明信片、书袋、木偶等。店员说荒岛书店这样的有两家，另一家在老舍故居内，以销售老舍著作为主。

从叁零出来，去青岛书房，在浙江路和曲阜路口，四层漂亮的别墅，非常有地标性。这里原是安娜别墅旧址，始建于 1901 年，德国人卡普勒所建，为纪念母亲安娜而命名。2016 年，青岛书房在这栋翻修如新的老别墅里开业。

一到四楼都是不同类型的图书，在二楼看到一本《安娜别墅时代的日常青岛》。这本书记录了在 1900 年代那些和青岛有关的人和事，还有柏林街和卢伊特波尔德街口的街区格局（也就是今天的曲阜路与浙江路口），以及安娜别墅完好无损存在的意义。

青岛书房由青岛出版集团投资创立，是青岛本土文化展示平台，很多关于青岛的书籍、明信片、地图等等都得到极好的展示。“青岛文库”等大型青岛历史、人文书籍，在向我们展现青岛的历史与故事。

青岛书房

荒岛书店

纸有境界

嘉木美术馆

叁零文人书店

浮士德书店

浮士德书店

青岛文学馆

良友书坊

BC 美食书店

如是书店

我们书房

涵泳复合阅读空间

成都方所一角

成都书游记

不久前看到一个2019年书店数量排行，成都高居榜首，而我们以为书店数量很多的北京、上海却在十名开外。难怪国内几大连锁商场书店都入驻了成都，方所、言几又、西西弗、钟书阁等。这次成都书店之旅发生于2017年，几年过去了，成都书店肯定又新增了许多风景，唯愿书店业能度过疫情难关，顽强地向着理想靠近。下次再去成都，一定去读本屋和一苇书坊坐坐，很多成都朋友向我推荐。

毛边书局里的密恐书架

成都朋友多，来的次数多，每次都尽量抽时间逛几家书店。这些年下来，大概去过几十家书店。

入住的酒店离宽窄巷子较近，这一天的书店之旅，从喧闹的宽窄巷子开始。其实每次来成都，都会来这边逛逛，虽然不喜欢这一带的商业味，但总要约朋友在白夜酒吧坐一坐，有时候还会赶上一些诗歌或文化活动。

宽窄巷子有两家书店。宽巷子那家叫见山书局，窄巷子那家叫散花书屋。这两家书店是同一个老板开的，是做旅游起家的。所以，书店也开在旅游区。

见山书局，外观很漂亮，一栋仿古建筑，书店内，主要以旅行主题为主，包括地图、旅游攻略和关于成都的一些读本，还有各种文创等。店内更大的空间是茶馆，但空荡荡的，没人有闲心在这里喝茶，游客们都是“到此一游”，还要赶去下一个“到此一游”呢。

散花书屋，其实是路边书摊。店名和题写都来自成都文化老人流沙河先生，名字源自成都四大名楼之一散花楼，该楼系隋唐蜀王杨秀建立的，曾为文人雅士聚集之所。也是以文化、旅游、文创等相关为主。2008 年创立以来，四处散花，已开有十来家店。

挤出宽窄巷子，我想去一家安静的小书店坐坐。我手机里一直关注着“无早 nomorning”，这是一家主营世界各地独立杂志的小书店。我曾参加过在北京、上海等地举行的艺术书展，领略过来自世界各地的独立杂志，也认识一些独立杂志创办人和经营者，也欣赏这个群体的独特审美。

早期，我创办《绿茶书情》时，参考过很多独立杂志，也试图把《绿茶书情》做成一份独立杂志。后来，随着微博和公号的兴起，图省事，就放弃了做纸刊的念头，转而以公号为主，没想到，公号也没有做好。

无早很不好找，在一个小区底商，而且门脸很低调。小店内有来自世界各地的独立杂志，这些杂志的确任性而讲究。我平时也收集一些这类杂志，出于一种对杂志审美的敬意。尤其在台湾逛书店时，独立杂志更是被放在很显要的位置。我曾在台北旧香居、公共册所买了不少独立小刊。从知名度来说，台北的《小日子》应该是最广为人知的独立杂志。但真正办独立杂志的人，一定看不上《小日子》这样的杂志。

此外，无早的小食、咖啡等也都非常不错，用心，精致。

成都老书虫是北京老书虫的分店，两家店整体风格和气质都很像，坐在这里总是很舒适。平日在北京，和朋友约着谈事，最喜欢去老书虫。但是很遗憾，去年底，因为租约到底，老书虫和物业方无法续约，这家已 14 年的书店，被迫停业。

当然，最期待逛的，则是在书圈大名鼎鼎的毛边书局。

坐上出租，跟司机说去中央花园，到了导航指定的楼，蒙圈了，问了很多人，包括物业，没人知道有毛边书局的存在。

很泄气，又上网搜索，看了一些人写的参观记，一个新地标在清溪东路，又打车过去。在清溪东路 80 号院再度迷失，于一片楼宇间举头四望，哪有书店的影子啊。后来，看到一个收废品的人从楼道里出来，想去问问，走到这个楼道口，在收废品的三轮车上面窗户上，看到几个小字“毛边书局”，又是流沙河老爷子的字，吼吼，可算让俺找着了。

进入楼道敲开第一个门，一位哥们出来开门，我问：“可以进去看看吗？”“可以。”

摸着有点黑、两边都是书的过道，才算真正进入毛边书局。抬头，又看到王稼句的题字“毛边书局”。

我跟老板描述了高德不靠谱的导航方式，他说很多人都反映过，但不知道怎么修改。老板递给我一瓶水，说：“辛苦了。”

拥挤的屋里挤出一片小区域，放了一张茶案，我们坐着先聊会儿。店里还有一位姑娘，老板说她是喜欢旧书的志愿者。

我先自报家门，来自北京，专程寻访书店。老板知道贱名，于是，我们的聊天自然多了。我当然也知道大名鼎鼎的“局长”傅天斌。

傅天斌是湖北人，曾为十堰新华书店员工，后到成都安家，并创办毛边书局，距今已20多年。在这不足100平方米的小小空间里，不知道藏了多少万册图书，总之是我逛过“含书密度”最大的旧书店。

我们越聊越开心，越聊话题越多，爱书人相遇大概都是如此吧。趁他接电话的工夫，我示意一下，钻入书林开淘。毛边书局里书架真是吓人，书架与书架之间人只能侧身进去，每个书架上都是里外两层挤得严严实实。我钻到最靠里的书架一层一层往下搬书，先看看里层有什么书，再一一搬回去码好，有种当年在书店当店员时的亲切感。但搬了几层后，放弃了这么淘的念头，要这么淘下去，多少天才能倒腾完这些书啊。于是，发挥当年做店员的基本功，一架一架扫过去，有兴趣的拿下翻翻，就这样大概逛了一个多小时。抱着一小摞书回到茶案这儿，继续聊天、喝茶。

这么一来，结账时傅局长有点不好意思了。我知道，他肯定给我特别低的价格，印象中只花了 100 多元。之后，傅局长、那位姑娘我们仨去书店街对面吃晚饭。如果老赶上我这样的顾客，买几本书饶还回来一顿饭，那傅局长就赔大发了。其间，给朱晓剑兄打电话让他来一起晚饭，不巧朱兄出差去了。

饭桌上，傅局长说他正在和政府谈一个大的项目，如果顺利，将能拿到一个 1000 多平方米的地方，到那时，毛边书局就不会挤在这不足 100 平方米的地方了。我很为傅兄高兴，如果能有这么大的飞跃，自然是 20 多年坚持的最好回报，我很期待下次来成都能看到毛边书局新店落成。

此后一直关注着毛边书局的动态。2018 年 3 月，有报道说“毛边书局 · 桃蹊书院”签约仪式举行，当年 10 月，终于开业。一时间，毛边书局成为网红书店，近十万册旧书集中亮相，真是读者之幸。成都过段时间就会冒出一家网红书店，但这一次，这家旧书店的亮相确实亮瞎了成都读者的眼。可惜，之后几年一直没机会去成都，我的记忆还停留在那家拥挤、书密的毛边书局。

毛边书局·桃蹊书院

店主傅天斌和绿茶在毛边书局

店主傅天斌与生于成都的台湾作家黄先生及夫人

见山书局

散花书院

三联韬奋书店
（成都店）

无早

无早

读本屋

一苇书坊

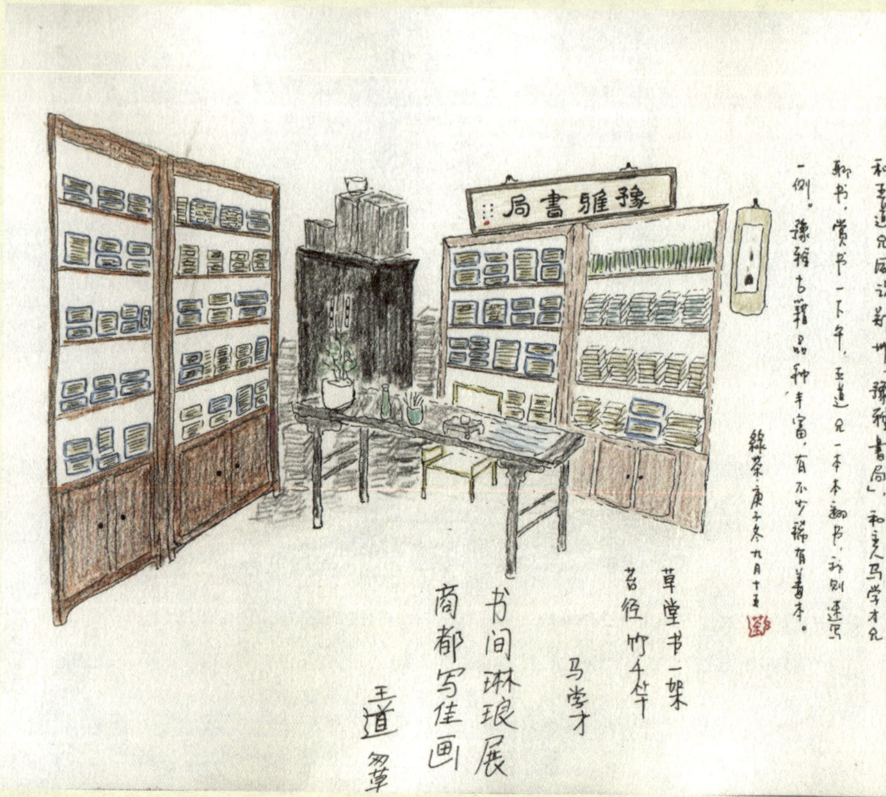
豫雅書局
和王道兄同访郑州「豫雅书局」，和主人马学才兄聊书，赏书一下午，王道兄一本本翻书，我则速写一例。豫雅古籍品种丰富，有不少稀有善本。
绿茶 庚子冬九月十五
草堂书一架
茗径竹千竿
马学才
书间琳琅展
商都写佳画
王道 匆草

豫雅书局

郑州书游记

河南中原大地，有着深厚的文化积淀。书店作为文化场域，在这片文化大地上，自然也是枝繁叶茂。郑州有很多特色不一的书店，有以文化沙龙为特色的松社书店，有以人文社科为主打的独立书店城市之光，也有经营线装古籍的豫雅书局，当然，也有适合打卡的“纸的时代”“我在书店”等商场书店，还有社区里小小的目录书店，等等。郑州书店风景，精彩、丰富，多元。

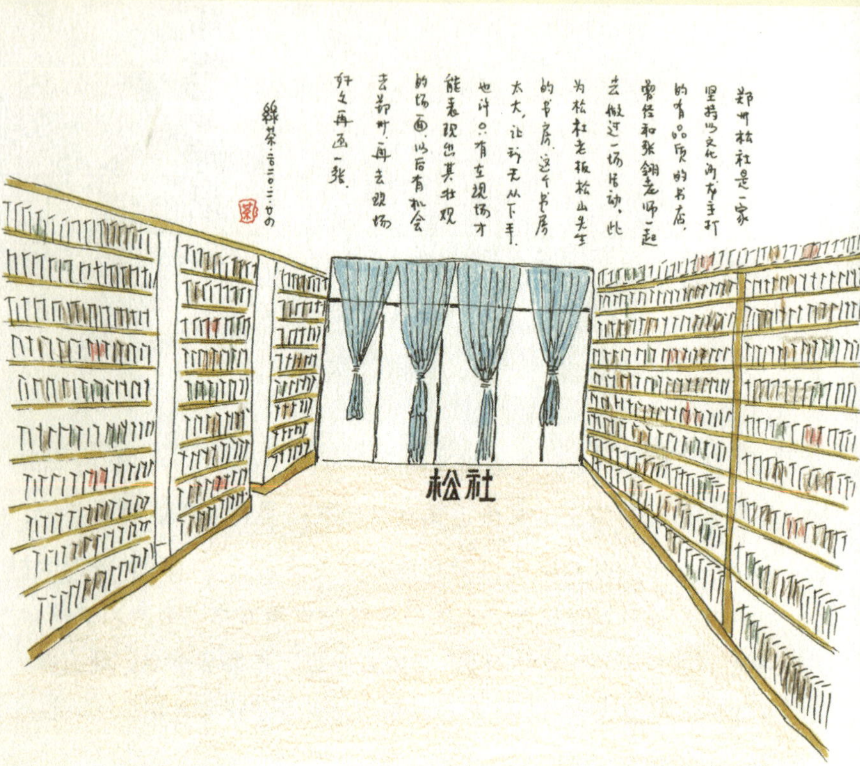
郑州松社是一家
坚持以文化为主打
的有品质的书店，
曾经和张翎老师一起
去做过一场活动，此
为松社老板松山先生
的书房，这个书房
太大，让我无从下手，
也许只有在现场才
能表现出其壮观
的场面，以后有机会
去郑州，再去现场
好好再画一张。
绿茶
松社

松社刘磊的书房

应郑州松社书店邀请，和作家张翎去做《劳燕》新书分享。借此机会，粗逛了几家郑州的书店，很有收获，郑州书店风景远比我想象的美丽。

先来认识一下松社书店。书店开在一家老电影院改造过来的三楼，二楼有剧场和民谣吧等。沙龙舞台就是老电影院的戏台，水泥浇筑的舞台应该有几十个年头了，坐在上面，和下面的听众有种时空穿越感，但这种距离感反而让人没那么紧张了。

松社四面书墙，中间是读者阅读区，整个空间特别符合沙龙活动模式，书店创办几年来办了上千场新书沙龙活动。墙上挂满了活动现场照片，传递着松社“思考”“阅读”“交谈”的理念。

我陪老乡作家张翎老师来分享新书《劳燕》，听她讲述书中的故事和她自己的人生故事，虽然只是短暂交流，但这些书中难以承载的人生故事却自然

松社活动嘉宾照片墙

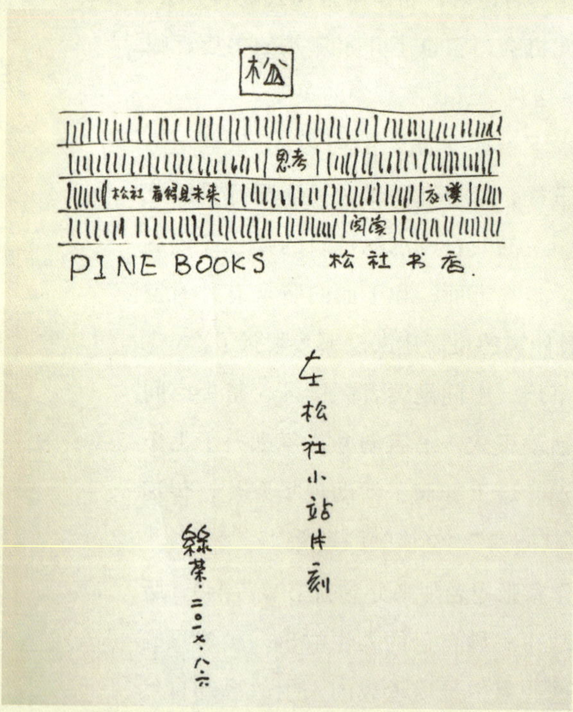

松社：绿茶留言

流露出来，让书更立体，故事更丰满。

离松社走路不到10分钟，有家书店叫英典书社，创办至今已有20多个年头。书店不大，店内不同时期的书很满。这家格局比较传统的老书店，走的是大众路线，畅销书品种丰富，有各种字帖和学生用书。

骑单车10分钟左右，到了丹尼斯大卫城，六层有家书店叫我在。这家商场书店跟很多商城模式连锁书店类似，讲究书店设计，吸引年轻读者，同时兼顾咖啡馆功能。店内选品不多，有一面精致的书墙，还有一个阶梯活动舞台。舞台下方有一面绿植，让书店多了一些自然气息。

我在书店的内部设计，给人一种很自然很轻松的氛围，坐在台阶上，随手抽了宁远的《有本事文艺一辈子》翻翻，挺符合这个书店的氛围。眼前的画面的确有点文艺，有一对情侣在逛，还有两位姑娘坐着看书。我没有宁远有本事，不能文艺一辈子，只短暂地文艺了一小会儿。

午后太阳小猛。从我在书店出来，继续骑单车去逛下一个书店——郑州三联书店。这家书店很有名，一度是郑州的文化地标。多年过去，郑州三联这个楼已经很破旧，电梯上四楼，书店内光线灰暗，一眼扫去，老国营书店的味道扑面而来，这种布局太熟悉了，在这样的书店里我有点不知道怎么逛。

之后，又去了一家社区书店叫书是生活。这真是一家接了十足地气的社区书店，在一个街道服务站二楼，和家政公司、改衣店、摄影店等在一起。书店像个社区图书馆自习室，很多人在一个长条桌边迎面而坐，学习、背单词、玩电脑等等，书店里居然坐满了人。我们的到来似乎打搅到他们了，大家貌似很习惯这种阅读氛围，突然闯进来几个人东看看西看看，反而觉得很奇怪。

下午，来郑州最有代表性的书店，城市之光书店。老板原是郑州三联员工，城市之光在郑州大学老校区南门已经开了十多年。门脸不大，上楼后书店面积倒不小，首先进入视野的“诗与歌”专柜非常吸引人，一个小舞台，平时有一些民谣演出。这专柜陈列了很全的诗集和音乐书籍，我在这里选了几本摇滚书。

仔细逛下来，这家书店的选品非常用心，以人文社科和文学艺术为主，几乎看不到畅销书。在这样的书店，你会感觉一排排书架都是为你而设，站在书架前，一本本书拿下来翻，再一本本放上去，这是我喜欢的逛书店方式。显然，老板取这个店名是向旧金山城市之光书店致敬，好在这家书店的格调对得起这个名字。

从城市之光出来，还有一点时间，又去了“纸的时代”书店。同样也是开在商城里，赶上周末，“纸的时代”里挤满了人，门口活动区有一个瑜伽讲座，满满全是人。在这里，又发现了好几片绿植墙，看来郑州商城里，绿植墙可能是一种时尚。

“纸的时代”书店全国有四家，厦门和合肥两家没去过，桂林和郑州这两家各有特色。郑州这家“纸的时代”，绿植、水流，让书店中充满自然和灵性，如果不是因为今天人太多，在这样一个空间里，享受阅读时光应该是很美妙的。另外想想，一家书店有那么多人聚集，对书店从业者而言，是多么让人惊喜的事情啊。

最后一点时间也舍不得浪费，离车站不远有一家社区书店——目录书店。看到书店名就特别喜欢，一直心心念来看看，没想到，这是郑州书店之旅最让我惊喜的书店。

书店很小，比我的“阅读邻居”读易洞书店还小。店里书也不多，有个角落有几个书架上有老板自己的一些旧书，我在这里翻了翻，看中有几本，老板却不卖。这样的小书店，她的风格和氛围都是让我喜欢的，如果身边有一家这样的小书店，是非常值得在这里坐坐，享受美好的阅读时光。

短暂的郑州书旅改变了对这个城市的印象，这个总被认为是东西南北中转的城市，因为有了这些书店，也就有了停留的理由。如果不是太匆匆，建议你在郑州中转时稍稍停留，去书店坐坐，放松一下疲惫的旅程。

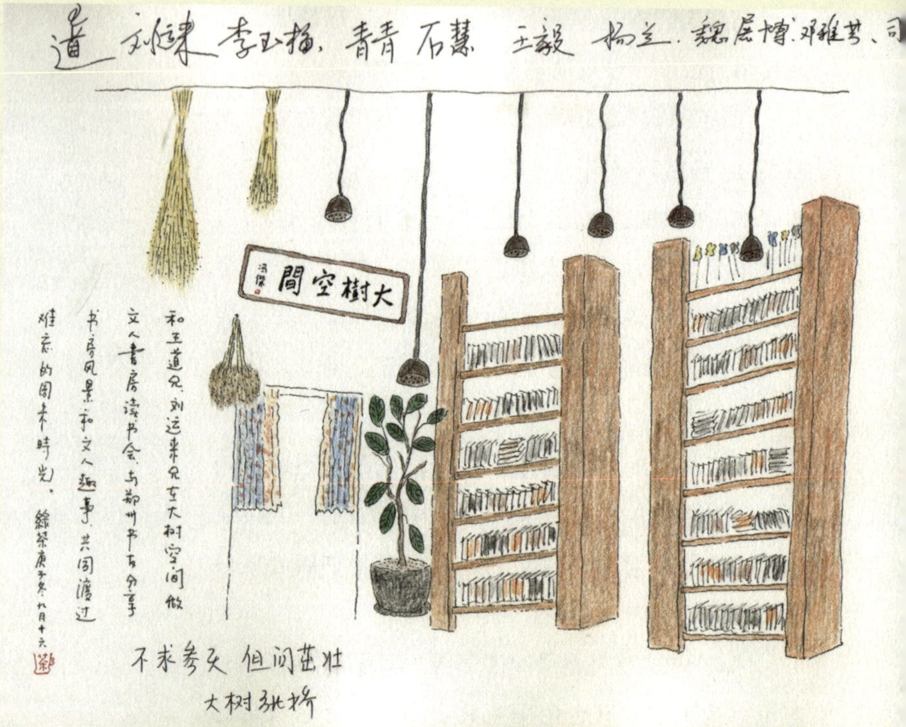

大樹空間
和王道兄、刘运来兄在大树空间做
文人书房读书会，与郑州书友分享
书房风景和文人趣事，共同渡过
难忘的围木时光。
不求秀美 但问茁壮
大树张桥

大树空间

PS：2020年11月，在河南修武大南坡，首次举办“书间琳琅——绿茶文人书房画展”，很惊喜在中原腹地有这样一处乡村美学实验，有书店、展览、音乐、戏剧等形式的落地。回程时，短暂停留郑州，在古籍书店豫雅书局买古籍，在大树空间做一场读书会。郑州书游记，每次都给人不一样的惊喜！

松社书店

目录書店 CATALOGUE BOOKSTORE
目录书店

CATALOGUE BOOKSTORE

目録書店
郑州东区金汇东街

目录书店

城市之光书店

我在书店

英典书社

郑州三联书店

纸的时代书店

书是生活书店

独秀书房

桂林书游记

应桂林“纸的时代”书店之邀，与“六根”的兄弟们来做一场“六根醉醒客，桂林聊副刊”的沙龙。只是短暂的停留，“纸的时代”书店，就给我留下美好的记忆，“住在书店”酒店给了我别样的住宿体验——桂林之行因为这段和书有关的画面，而久久让人回味。

来到桂林，下榻“住在书店”酒店，这是来桂林的第一个惊喜。这家书店主题的酒店，从进门那一刻就完全吸引了我。酒店大堂、露台及前台，满满都是书,粗略浏览一过,大多数都是值得阅读的书。

房间里更让人惊喜。两个独立的书架，上面有几百本书随意取阅，整个房间弥漫着书香，每个房间的选书各有不同（我去其他屋观察了），而且，床上用心地摆放了“六根”的书。

我有点小兴奋，拿了一本张大春先生的《文章自在》躺在床上看。这是我住过最有书香味、最有文化的酒店，每一处细节都让我喜欢——从房间出来，刷门卡就能去隔壁“纸的时代”书店，晚上12点打烊后，刷卡去书店看书，安静的书店里，只有两个也在看书的店员，这样的体验让我真正享受到“住在书店”的感觉。

在这个“纸的时代”，我选择“住在书店”，这家书店把这两项最让人享受的体验完美地结合在一起，真正戳中了读书人的痛点，舒服得直哼哼。

书店里，每一处细节都让人感受到其诚意，“完整阅读，深度阅读”，这样的阅读主张代表了这家书店的理想——她们希望读者能在这里找到阅读真正的乐趣，只有完整阅读，才能深度思考，并且感受到阅读真正的魅力。

3 月 12 日，桂林雨濛濛，“六根醉醒客，桂林聊副刊”沙龙如期在“纸的时代”书店举行。整个下午，我们聊民国副刊时代的美好光景，也聊当下副刊面临的困境，以及新媒体时代副刊的未来。“六根”老大李辉主编了一套“副刊文丛”，整理出版了 80 年代以来中国报纸副刊的一些优秀栏目和优秀副刊编辑的作品，借这个机会，我们在湿漉漉的桂林，谈了一下午副刊的风雨。

我做了八年副刊编辑，参与创办了《新京报·大家副刊》和《新京报·书评周刊》，这八年的副刊编辑生涯是我永难忘记的从业经历，也是这八年，让我和中国文化界、学术界、出版界有了深度的交往与沟通。如今，我还保留着和当年作者一定程度的联系，这些往事也成为我难忘的记忆。

在桂林那几日，还抽空去了刀锋书店。这家书店很有人文气息，是那种有态度的独立书店，店内选书精良、主题突出，是我喜欢的书店类型。

广西师大社飞狐狸兄带我去了他经常淘书的一个古玩市场。这里有多家书摊，飞狐狸兄和店主们很熟，可见是常客。我也淘了几本旧书。

经过这次短暂的桂林书店行，“六根”决定在四周年之际来桂林及阳朔度假。半年多后，“六根”全体又入住“住在书店”，享受酒店的阳台酒局、房间里的书香气息。阳朔之行也留下很多美好的回忆。桂林是让人难忘的美的城市。

此外，桂林还有如众目书店、独秀书房等特色不一的书店。以后有机会再来桂林，当去欣赏更多美好的书店风景。

“住在书店”酒店

“六根”在阳朔

（右起：韩浩月、武云溥、李辉、绿茶、潘采夫、叶匡政）

纸的时代书店

刀锋书店

众目书店

猫的天空之城

独秀书房·桂航火车号

第九届深圳读书月
2018年度十大好书
扫地出门 EVICTED
米沃什诗集
房思琪的初恋乐园
东方风来 书香满城
郑天挺西南联大日记
考工记
缮写室
左图右史与西学东渐
奥古斯都
加缪传 Camus

香港书游记

这是一次迟到的书游记。

2006年，第一次到深圳参加全国阅读版主编会议暨“中国首届报纸阅读文化圆桌会议”，也就是那次会上，第一次评选“年度十大好书”，之后，每年一届，成为全国最具影响力的“年度十大好书”。除了有一年在出版社任职，我没来参加，其余年都参与了“年度十大好书”评选。然而这么多年离香港这么近，就是没时间去香港淘书。终于在“2018年度十大好书”评选结束后，有了这次香港书游记。

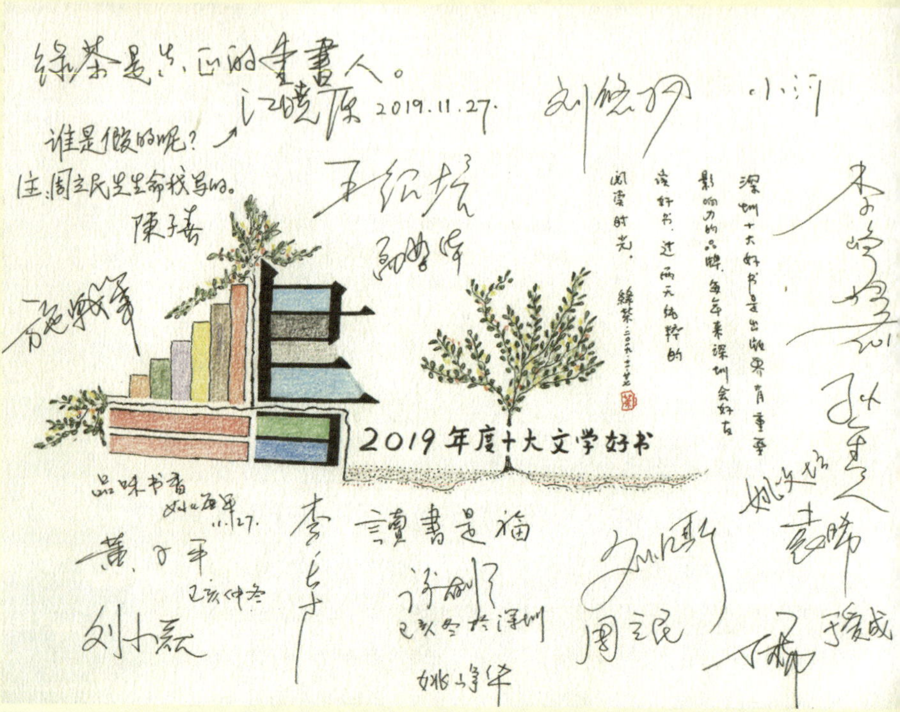

2019 年度十大好书

2006年，会间曾起意去香港逛逛二楼书店，可惜当时没办好港澳通行证，未能成行。还是那一年，香港最有标志性的英文书店——曙光书店，结束了它20多年的历程，宣告停业，成为香港书店不可抹灭的传奇。差不多同时，和“曙光”共享一个单元两间屋的青文书屋也宣告歇业。这两家一中一英，都有着20多年历史的书店同时关闭，宣告香港二楼书店一个时代的结束。更让人唏嘘的是，两年后的2008年，青文老板罗志华在拥挤狭小的货仓清理藏货，被意外坠下的书籍压住而致身亡。

每年来深圳评“年度十大好书”，都是来去匆匆，不是因为工作就是因为家事，眼看着“年度十大好书”的评委们会后结伴逛香港书店，眼馋到死。终于，2018年成行，在11月30日结束“年度十大好书”评选后，次日和陈子善、袁晞两位老师一同赴

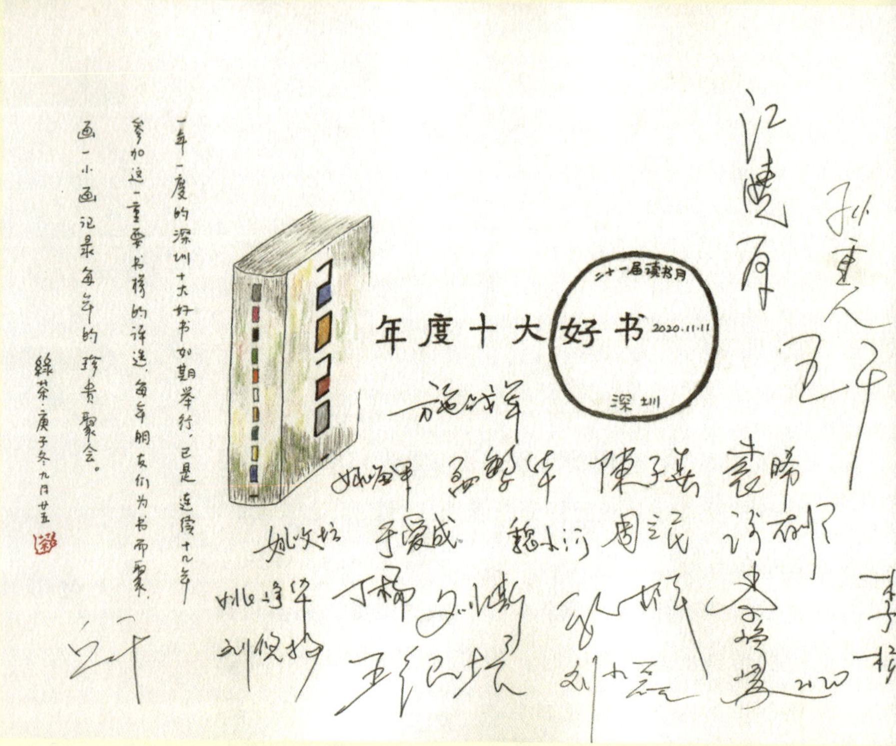
二十一届读书月
2020.11.11
深圳
年度十大好书
一年一度的深圳十大好书如期举行，已是连续十九年
参加这一重要书榜的评选，每年朋友们为书而聚，
画一小画记录每年的珍贵聚会。
綠茶·庚子冬九月廿五

2020 年度十大好书

港。子善老师到金钟会友提前下了地铁，我和袁晞老师到铜锣湾后分头行动。先去酒店办了入住，然后，迫不及待出门吃了点东西就开始逛书店。

香港书店最集中的有两个地段，一为港岛的铜锣湾、湾仔一带，二为九龙的油麻地、旺角一带。我这次住铜锣湾，先就近小逛一下。

刚下楼，就望见马路对面的商务印书馆。跟着人流过马路，先找了一家小摊填饱肚子。吃饭间用手机一搜，周边好几家书店。吃完饭出来，抬头看“香港式招牌”，第一眼就望见和情趣用品店并排且显目的书店招牌，登上二楼，门口贴着纸条：“已关门！”来香港逛书店，第一家就吃了闭门羹。

香港二楼书店这些年遭遇各种困局，如今香港闹市区的二楼，基本上都是美容店、按摩店和情趣用品店，还在坚守的香港书店只好“更上一层楼”，三楼、五楼，甚至十几楼。

好在骆克道上的乐文书店还在。乐文是一家老牌的人文书店，1980 年创立，比曙光（1984）和青文（1982）还早几年。目前有两家店，一家在铜锣湾骆克道，另一家在旺角西洋菜南街。乐文是香港二楼书店的典型代表，30 多年的存在见证了香港阅读文化的变迁，店内有英文原版、港台人文社科、大陆政治读物以及畅销流行读物等，这种综合型的经营思路，正是香港书店业在各种起落后的权宜之计。

艺鹄书店

手机地图显示，骆克道上还有开益书店、正文书店、绿野仙踪书店等等，我一路查来一路找，然而并没有找到，不知道是因为太隐蔽，还是已关门或搬家。

走着走着就到了轩尼诗道，在富德楼门口迷失了方向。地图显示就在这儿，但这栋不起眼的旧楼，丝毫看不出有书店的影子。我走进过道查探，看到地上摆了很多艺术海报和免费杂志，心想可能走对了地方。电梯开，走进去，有个中年男人问："去几楼？"我说:"楼里有没有一家书店？"他按了"14"。

果然没错，我来到了艺鹄书店。这是一家经营艺术图书和各种人文出版物的书店，两个屋子，一间是书店和咖啡座，另一间是店主的工作室，两间屋子相通。店内销售的艺术图书、杂志、绘本画片等都极具个性，有浓浓的文艺气息。我安静地一本本翻阅，有很多惊喜。书店的 Susi 姑娘非常好客，我们聊了起来。

通过 Susi 介绍才知道，富德楼隶属一个基金会，整栋楼由艺鹄管理，以低廉的租金邀请艺文单位进驻，打造一个文艺共同体，有人文书店、画廊、手作工作室、音乐工作室、电影放映室、社会研究工作室等，不定期有各种类型的展览、音乐演出、手作作坊等等。在艺鹄看到一份富德楼刊物，上面详细介绍了楼里的各种工作室，题为"闹市中的文创绿洲”。另外看到一份富德动流手册，上面有近期各层活动信息。

从艺鹄窗户望出去，窗外是车水马龙的湾仔。我坐在靠窗的凳子上，速写了一幅艺鹄一角。离开时，看到门口贴了一张海报“一读十年——第十届九龙城书节”，看时间整好是我在港这两天（12月1日—2日）。

告别Susi姑娘，搭上地铁去乐富逛九龙城书节。地铁上，收到Susi姑娘发来微信，说在乐富有一个书节并且发来链接，建议我去看看。当我在地铁里晒艺鹄书店，华师大顾晓清姑娘留言说，她正在逛九龙城书节，也建议我去逛逛。嘿嘿，我正在去的路上。

地铁乐富站出来，穿过乐富游乐场，走不远，过马路即香港兆基创意书院，九龙城书节就在院内举办，该书节自2009年开始，已第十届。早年香港有一个牛棚书展，一度是文青和艺青们的精神家园，九龙城书节延续牛棚书展的传统，秉承牛棚的人文精神与自主理念，推广人文、自助的民间出版和阅读文化。

书节上，有各种类型的创意书摊、手作摊、书店书摊及音乐表演，最让我惊喜的，有位老奶奶把蔬菜摊也摆上来了。除了林林总总的书本，书节以多元讲座为核心，邀请不同领域的资深人士，针对不同议题展开多元层面的讨论。仔细看讲座信息，两天里有几十场之多，如：香港书业何去何从；如何催生一本不是自己写的书；书评，到底想说什么；以书本对抗世界：民间出版的未来想象等等。

同样是2009年，广州彼得猫·古本店主人彭永坚创办了广州书墟，书墟现场位于广州市北京路上一栋老骑楼，史上最小的书店彼得猫·古本店就位于这个骑楼里。彭永坚说，创办广州书墟也是源于牛棚书展。我曾应邀参与过好几次广州书墟，摆二手书摊，参与书店话题讨论等等。广州书墟共举办了六届，现在是否还在延续不得而知，希望这样的阅读实验能走得更远。

到底有多小呢？只有一面书架，113厘米长宽。

今年8月，由未读发起主办的第三届最美书店周在798机遇空间落地，我作为该项目总顾问，也把牛棚书展这种理念引入活动中，让这届书店周“书店 × 想象力”论坛融合了二手书市集、文创市集、不同主题的沙龙、插画展、音乐现场等，也引来文艺爱好者们广泛兴趣，现场一度限流。

这些年，参加了无数正式的书展、书博会或阅读节，几乎都是千篇一律，走走过场，不留印象。可这些来自民间的小型书展或阅读现场，却是让人分外投入，真为这样自由的状态、精神的交流而感动。期待有越来越多这样的阅读现场，让我们能达成真正的思想交流，而不是被安排好而已。

“一读十年”，真是美好的故事。一个民间的书节，以这样顽强的姿态践行着阅读和思想交流的实验，是城市之福，香港之幸。

旺角，香港最繁华的街区之一，以弥敦道为主干，平行着很多人流很旺的街弄，是游客们的购物天堂，也是著名的不夜天。不少香港电影以这里为背景，尤其是一些黑帮片，如王家卫执导的《旺角卡门》、尔冬升执导的《旺角黑夜》等。

西洋菜南街，紧邻弥敦道的平行街道，是电子产品和女性化妆一条街，让人惊讶的是，这样一条繁华商业街上，高峰时据说有几十家楼上书店。从地铁旺角站 D1 口出来，第一眼就看见了序言书室、华英书局和梅馨书舍招牌。上午 11 点的西洋菜南街，人流还比较稀松，到午后，这条街几乎可以用人挤人来形容。

坐电梯到 7 楼，香港这些老楼里，电梯破旧不堪，停顿时咯噔一下吓人一跳。序言书室门口，贴着营业时间为下午 1 时至晚 9 时，下一层是梅馨书舍，营业时间为下午 2 时至晚 9 时，再下两层 5 楼的华英书局，中午 12 时开始营业。基本上，这一带的书店很少有 12 时前开门的。我干脆周边转转熟悉一下地形，顺便吃个午饭再逛。

西洋菜南街东边平行的通菜街，著名的女人街，除了街两边的店铺，街中会临时搭建两排商铺。此时，店主们正在加紧商铺搭建，他们对搭建非常熟练，一会儿工夫，很多店铺拔地而起，店主们大汗淋漓，开始上架各种商品，服装、鞋帽、生活用品、美容化妆品等等。从通菜街南口走到亚皆老街路口，原来空旷的街上，像变魔术一样林立起密麻的店铺，这生动的街市场景让人眼界大开。

午饭后，正式开始逛书店。第一家，走进西洋菜南街和亚皆老街路口的十大书坊（STAR）。这是一家漫画图书馆，所有书和杂志不销售，仅供店内租赁阅读或外借阅读，看了一下消费规则，会员每小时 24 元港币，非会员每小时 26 元港币。店内有一个很大的阅读区，有点像网咖一样，每人一个小格子。往阅读区瞄了瞄，刚开门没多久，已经有不少阅读者，而且不单单是年轻人，还有一些中年人。

开益书店和榆林书店在同一个单元里，开益在 2 楼，榆林在 3 楼。这两家书店风格比较像，都以销售香港文史哲读物为主，榆林书店偏文史方向，开益书店偏文学方向。

乐文书店和田园书屋是西洋菜南街的老街坊。乐文书店 1980 年开业时就在旺角，铜锣湾那家是 1998 年后开的分店。尽管已经逛过铜锣湾店，但总店也要来参观一番，两家店选品和风格基本一致。虽然刚刚开门，老字号的乐文还是人气比较旺，已经有不少读者在逛店。和乐文同一单元，还有一家学津书店，要到下午两三点才开门。

田园书屋也是旺角一家有年头的书店，30 多年了，店内香港文史哲图书容量丰富，尤其是大陆读者喜欢的书籍比较多。在田园逛的时候，不时有大陆游客拿着纸条来找相关图书，可能是帮朋友带的。书店进门的展台上，基本上都是这类作品，曾经属于店内畅销级的图书。

挨着田园不远，有一家尚书房。这是一家专营大陆版图书的书店，店内的装饰也很大陆范儿，挂着一些彩带。所售大陆图书，不同类型都有，但显然不太专业，属于大陆四五线城市二手书店的水准，很多所谓国学经典都是地摊货。可见这种类型的书店有着深厚的土壤，不仅在大陆小城市和县城风靡，也蔓延到了香港。

还有两家最期待逛的书店：梅馨书舍和序言书室。早上坐这个单元的电梯被吓一跳后，导致这一天逛楼上书店都是爬楼上去。梅馨书舍在 6 楼，艰难爬到梅馨时已两腿发软，索性先进书店休息片刻。更巧的是，梅馨不大的空间内，靠窗的位置放了一张双人沙发，我找了两本旧书就一屁股坐上去，翻翻书休息休息。

梅馨是一家旧书店，店内有丰富的二手书、画册和线装书，仔细淘，一定好多宝。我这趟香港书店之旅，也学香港爱书人一样“打书钉”，在书店里反复翻看就是不买，一是怕带不回，二是行李太沉，不敢再加书的重量。在梅馨对很多种书长草，心想再冷静一下，等一会儿逛完楼上的序言书室，下来的时候顺手买几本。

序言书室的传说已经听了很多了，说是曙光和青文的传奇结束，接棒开启香港的书店新时代。2007 年 5 月，序言书室在旺角西洋菜南街开业，三位中大哲学系毕业的创始人，为书店确定了以人文社科、哲学理论为主的学术书店路线，并且从一开始就明确了利用书店有限的空间，坚持不懈举办讲座、对谈、诗歌朗诵、思想读书会等活动。十几年来，序言已经成为香港最重要的公共思想空间之一。

说到有限空间，序言的确小得惊人，靠窗一小片空间，放着两张桌子和一张沙发。这一小片地方，就是序言能提供活动的全部空间，挤满人最多也不会超过 20 人，据说每次活动，经常要搬动店中间的书架，最多能容纳三四十人。和大陆大多数热衷做沙龙活动的书店比起来，序言太小太委屈了，而他们就是在这样有限的空间内，十几年来办了上千场活动，的确让人敬佩至极。

多年来我也办读书会，我们创办的“阅读邻居”读书会在读易洞也连续办了有十年，我们很喜欢这个小小的阅读空间，每次 20 多人围坐一起读书，觉得是最理想的阅读氛围。这家曾被评为“中国最美

序言书室

小书店”的读易洞，成为我们最重要的阅读社交场所。而和序言比起来，我们太奢侈了，读易洞比序言大太多了，环境也优雅很多。虽然，2018 年读易洞宣告歇业了，但十年读易洞的阅读生活是我们最难忘而幸福的记忆。

我在序言买了一本《十年一隅》，这是序言书室十周年出版的纪念集，收录三位创始人和不少序言书室的朋友文章，从中可更多地了解序言书室十年来的精彩。

坐在书店仅有两张桌子的一张旁边，翻开《十年一隅》，从《序言的序言》读起，走入一家书店虽短暂却精彩的故事，也看到香港书店业虽艰辛却坚强的历史。正如周老师在《序言书室十年志》一文中说的：“序言之为序言，是通过贴近社会脉络的书籍推介和读书会，有意识地回应时代，并在这个过程中，慢慢形成其独有的精神和格调，并得到许多读者认同。序言不仅是一家书店，也是一处公共空间，更是一个价值社群。”是的，正是在此意义上，序言超越了曙光，并开出人文书店的新格局。

西洋菜南街

序言书室的一小片活动空间

梅馨书舍

序言书室

十大书坊

田园书屋

乐文书店

艺鹄书店

榆林书店

尚书房

榆林书店

尚书房

学津书店

中华书局（香港）

九龙城书节

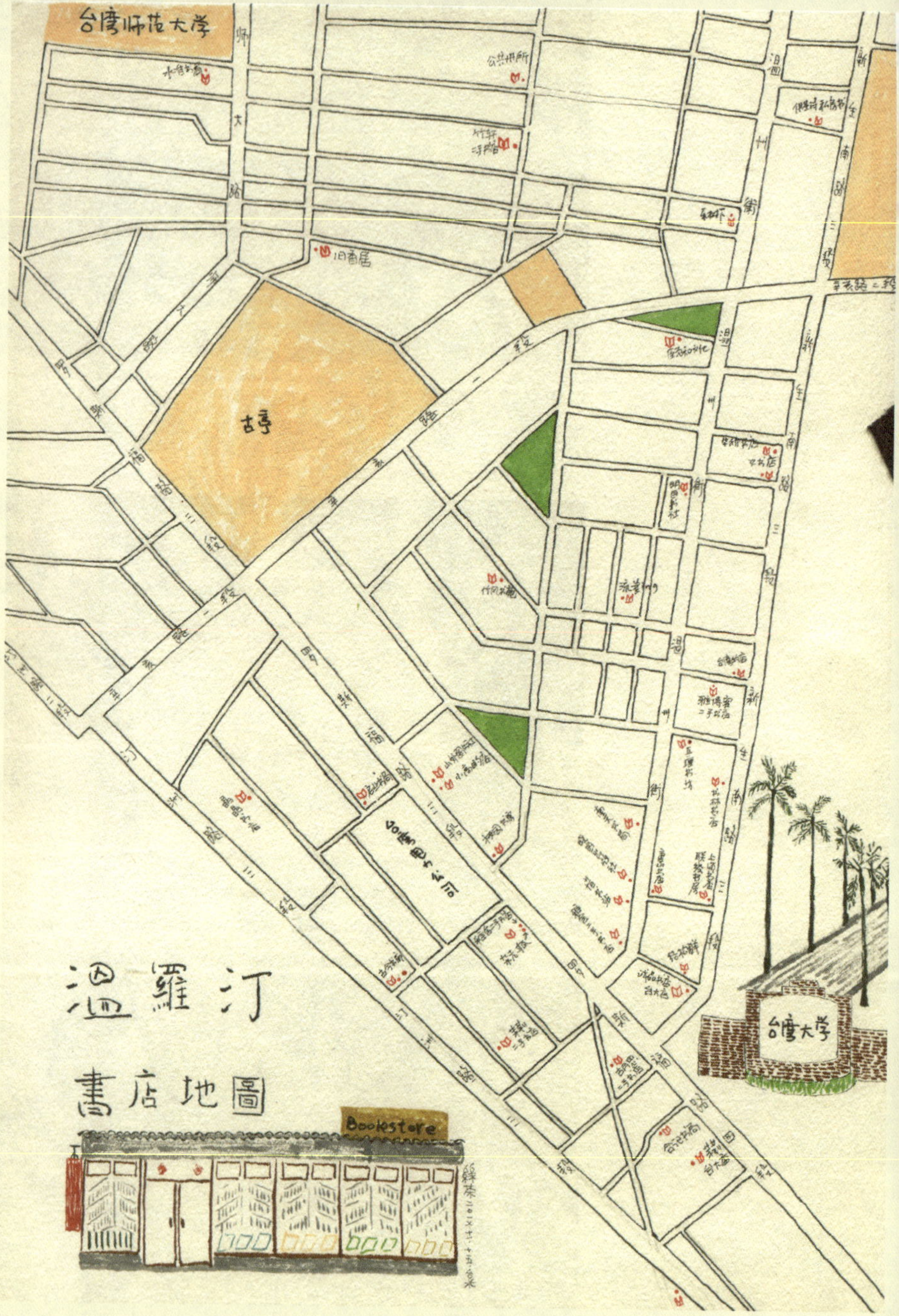

绿茶手绘的《温罗汀书店地图》，图上标红为绿茶逛到的书店

台北书游记

温罗汀书店群，在台湾大学和台湾师范大学之间，温州街、罗斯福路、汀洲路和新生南路所围成的街区。早在 1928 年日据时期，台北帝国大学建校，这片区域逐渐形成了一个文化与学术混合空间，有很多书店、出版社、咖啡馆、教堂、艺文表演空间、NGO 机构等。2005 年，台湾大学和台湾师范大学围成的这片区域成为温罗汀书店群，是台北最重要的文化地标。

在台北

台北书游记（上）

逛温罗汀书店前，先给大家介绍几种台湾书店地图。

第一份为 2012 年印行的温罗汀读书地图，现在已经很难找见，还好曾在古今书廊拍到过一张，2014 年在台北逛书店时，全指着这张地图导航。后来在胡思二手书店拿到这份地图最新版，每家书店都画了插图，但收录的书店没有 2012 年那个版本全。这份地图由温罗汀书店联盟出品。

第二份为 2010 年印行的温罗汀人文地图，其最早一版是 2005 年出的，这是修订版。这里收录了三四十家人文书店，以及 20 多家咖啡馆，还有各类地下音乐场所、NGO 组织等，总计 78 个地标。

第三份是《读爱温罗汀》，由台湾的书店协会印行，在公共册所二手书店发现了它，店员说一般书店里已经没有这份地图。细看这份地图，基本上收录了全面的温罗汀书店分布，和2012年那份温罗汀读书地图比较，已有了很大变化，有些书店没了，又新开了很多书店。

第四份也是台湾的书店地图手册，在唐山书店50元新台币购得。这是一份全台书店地图，也是由台湾的书店协会印行，最早出版于2014年，收录了全台140家书店，2015年再版，增加到180家书店，现在这份2016年新版，收录有200多家书店。单看这份地图收录的温罗汀书店名录，比《读爱温罗汀》收录的书店要少很多，可见，这份地图也不是最全名录，整个台湾的书店远远要多于200家。

第五份是网上的《台北创意街区地图》，这份地图收录了温罗汀、牯岭街、康青龙、北投、大故宫、城东、民生社区/富锦街、艋舺、天母、中山双连、西门町等11个创意街区地图，每个街区的地标标注得非常清楚，可以下载到手机上，随时备查。我保留了温罗汀、牯岭街两份地图备用。

第六份是我自己画的温罗汀书店地图。根据上面这些地图提供的信息，我一家家实地走访，每走一个地方就在自己画的地图上标出来，温罗汀书店群共有40多家书店，我走访了30多家。

接下来，我们循着地图一家家走来。先扫汀洲路三段、罗斯福路三段和辛亥路一段构成的长三角区域。

胡思二手书店，从一个小小门洞进去，上楼，楼道两边贴满了各种艺文活动海报。书店在二三楼，二楼以台湾文史、艺术书为主，还有一些特价 50 元至 100 元新台币的文学书，三楼以英文原版和童书为主。胡思由几位女文艺青年创办，比较注重店内清新的设计以及咖啡区域。咖啡区视野特别好，从窗户望出去，可以清晰看到台大进进出出的人流。

离胡思不远，合记书局是一家地下书店，这是一家专业经营医学书的二手书店，店内有不少穴位人体模型和医学人体图，还有大量的医学英文书，而且，店内非常整洁，有设计感。转了一圈没有一本书看懂，只好灰溜溜离开了。后来在罗斯福路三段 240 巷，还发现一家医学书店叫启业书局，这是一个多业态的医学机构，除了书，同时销售医学器材等。

茉莉二手书店在台大附近有两家店，一家为影音馆，一家为旧书店。这家历史不算长的旧书店，却因为规模和店内的设计感成就大名，目前在全台有六家分店。茉莉提倡旧书经营新模式，对回收的旧书和唱片做进一步的消毒和修复，呈现一种比较新鲜的样式。店内的设计风格也追求时尚，让原先对旧书业的固有印象来一次翻新。年轻人喜欢来茉莉淘书淘唱片。

古今书廊是早期牯岭街光华商场时期的旧书店，

后来搬到汀洲路三段，现在有两家店，分别为博雅馆和人文馆。两家店挨着，店内图书容量很大，综合性程度很高，如果在这里细淘，估计一天都出不了，也一定会有收获。在店内看到不少插画旧书，选了一套《2016 波隆那插画集》。

晶晶书库是一家同志主题书店，路过的时候还没开门，下午两点才开门营业，有一只大狗趴在门口守着，我不敢靠近。这片狭长的区域还有公馆旧书城、名山堂书店、博思维新古精品书屋等书店，有些没开门，有些没找到。

匆匆逛完这片狭长区域，跨过罗斯福路三段，去逛由罗斯福三段、新生南路三段、温州街和辛亥路一段构成的正三角区域。这片书店群以温州街为核心，一条温州街走下来，两边的巷子里密布着几十家书店。

从三角形南端开始，第一家为诚品书店台大店。诚品逛过太多了，这家且忽略。再前行几步，巷子里一家书店叫结构群，这家小书店以销售大陆简体版人文社科图书为主。这条巷子是新生南路三段 98 巷，往里顶到头，就是温州街了。

第一家是雅舍二手书店。在上面那些书店地图里，都没有标出这家书店，书店在二楼，这家书店图书数量不少，但风格不太明显，算是一家普通意义的二手书店，什么类型的图书都有。匆匆翻淘，没有找到可买的书。

往北几步，是一家很小的清新书店，叫惜书站，也没有在各类书店地图里发现。可能这两家书店都是新开的。这家书店属于大众类型的小清新书店，主打年轻读者，有很多日本动漫类图书。

斜对过巷口是著名的唐山书店。这家书店在台北书店中有特殊意义，既是出版社也是书店，在知识禁忌时代，唐山销售西方人文思想读物和各类遭禁书刊，是台北读书人的重要据点，可以说是台北人文书店的典型代表。这样一家重要的书店，就在一个暗黑的地下室，循着一个黑幽的楼梯下来，楼道里贴满各种宣传海报和废旧纸张，要不是有心理准备，可能都不敢贸然进入这样一个幽暗的地下室。

地下空间也不大，满满都是书，没有防火通道，也没有其他出口，这要在北京肯定不能继续经营下去。在这个地下室停留了很长时间，多年的积累让这里的书很有水准，哗啦啦选了一大批。等走到收款台时，只好一本本割舍，因为后面还要逛很多书店，背着书逛书店的确有点辛苦。

最后只买了台湾的《书店地图》、书店杂志《阅读的岛》以及几本关于书店的书。装在背包里，勉强还能背着走。而台湾的《书店地图》给我后面的走访提供了很多指引。《阅读的岛》由友善书业合作社印行，这是一个关注书店业态的组织，发起人是淡水的有河 book 的老板詹正德。作为一份专门为书店而办的杂志，它介绍全台各种类型书店、经营理念、深度书评等。

唐山这条巷子往新生南路方向走，把角是联经出版创办的“联经书房 · 上海书店”。2012 年，“联经书房·上海书店”搬来现址，一楼为“联经书房”，销售联经出版公司出品的图书，地下为“上海书店”，销售大陆简体版图书。联经是一家人文社科学术出版机构，出版大量很有学术分量的好书，其中有两份刊物我非常喜欢，一为《思想史》，二为《思想》。这两份思想刊物有余英时及“中研院”、台大等众多学者参与，每期的议题都非常重要。2014 年来台时，《思想史》刚刚创刊，买了一本创刊号及多本《思想》，现在，《思想史》已经出版到第七期，《思想》已经第三十三期。

另一家人文学术书店南天书局也在附近。逛完联经返回温州街，南天书局同样既是出版社也是书店，以出版和经销台湾历史的典籍和地图为主，除了销售自家关于台湾的书籍，也汇集台湾研究的相关读物。这种前店后社的模式真的非常理想，我在逛书店的同时，看着南天的工作人员在一起讨论选题，研究排版，那份认真和投入让人不忍打扰，但其实我很想凑过去看他们工作。

另一家关注台湾，涉及台湾方方面面的书店叫

“台湾の店”。和南天关注台湾历史和学术不一样，这家书店更全面更多元，历史、文化、旅行、地图各方面都涵盖，还有各种影像、T恤、环保袋及台湾相关文创，是非常接地气的在地书店。

在“台湾の店”这条巷子里，还有一家雅博客二手书店。这也是一家比较大众的二手书店，店内有各种类型的二手书，价格比较便宜，但特色不明显。附近新生南路三段54号，还有一家叫华欣书店的二手书店，也是这个类型。

这一天的书店之旅，一直下着毛毛细雨，走到温州街64号明目书社时，雨越下越大。于是，在明目和老板坐着聊天，他泡了茶，我们在书店门口雨棚下，听着雨声，有一句没一句地聊着。老板姓赖，这家书店是他叔叔创办于1990年的，当时是台大校门口的一个书摊，那时候简体字图书不能进入台湾，他叔叔就明目张胆地卖起了简体字图书，以提供学术研究为经营理念。

隔壁66号是一户人家，大门紧闭，我们只能在外，见到66号门牌总想一探究竟。

在书店里，看到“来明目目明去，去自我我自来”这样一幅字，这应该是“明目”店名的由来。赖先生说，叔叔已经过世了，现在台北这家店由他打理，他们在老家台中还有　家明日书社。后来跟台湾书店观察家李志铭聊天，他说他也喜欢来明目和赖老板坐着聊天。

赖先生告诉我，大陆图书在台湾还是有一定的

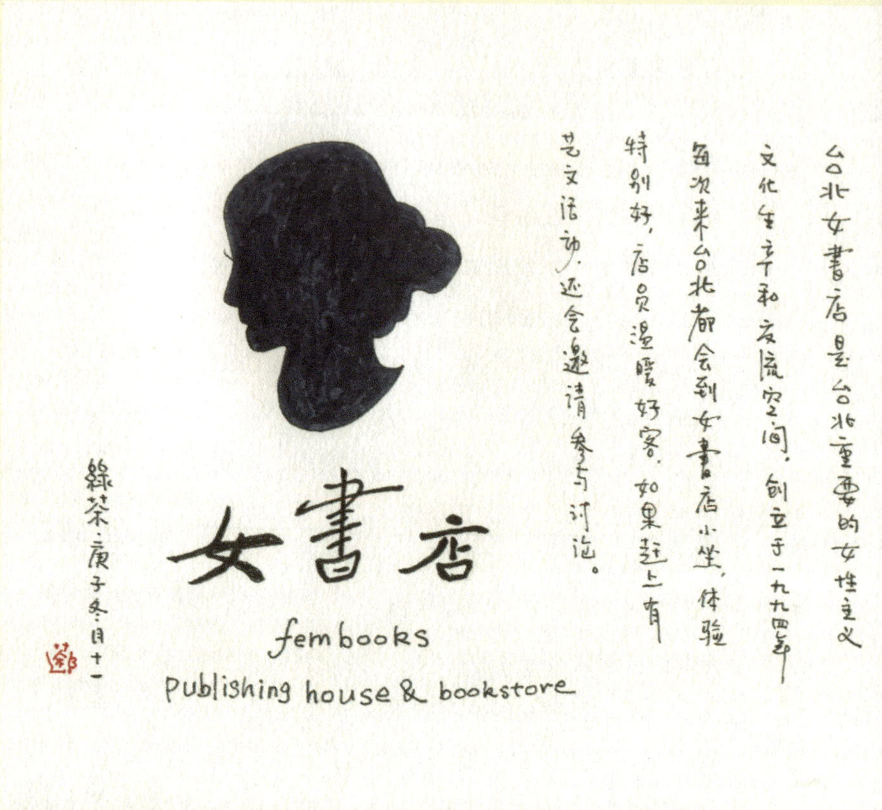
台北女書店是台北重要的女性主义
文化生产和交流空间，创立于一九九四年
每次来台北都会到女書店小坐，体验
特别好，店员温暖好客，如果赶上有
艺文活动，还会邀请参与讨论。
女書店
fembooks
Publishing house & bookstore
綠茶·庚子冬月十一

女书店

受众，这么多年一直吸引着台湾从事学术研究的读者。温罗汀一带，除了明目书社、结构群、上海书店，还有一家专营大陆图书的叫山外图书社，也在罗斯福路上。

山外图书社也在一个地下室里，一位老先生在店里悠闲地看着书。台北经营的大陆图书，普遍以人文社科学术书为主，很少大陆畅销或大众类图书。可见，对大陆图书感兴趣的，主要还是知识分子和爱书人。跟山外同在一个地下室的，还有一家小高的店，可惜今天没开门。看门口张贴，应该是一家音乐主题的书店。

雨没有要停的意思，只好冒雨继续书店之旅。先去了挨着明目不远的女书店。这家成立于 1994 年的女性主义书店，是华文地区第一家女性主义书店，由一群关注性别平等议题的妇女运动工作者创办。书店 logo 选用女性作家伍尔夫头像。

走进书林书店之前，我以为是一家旧书店，到了才发现，这是一家无比精致的外文原版绘本书店。店内琳琅满目的外文童书，仿佛走进图文森林，发现自己怦怦跳的童心。偌大一个书店，只见到一个外国人靠在一角读书。但这样一家书店，如何能优雅地生存，的确有点让人费解。

天有点渐暗，我还要去最后一家书店竹风书苑，是明目赖老板推荐的。竹风原来是淡水的一家旧书店，现在店址原来是一家叫永乐座的书店，永乐座搬走后，竹风来到这里。店内里外三层的书架设计很有特色，可以容纳更多图书，但来到竹风时天色已晚，帮朋友找了找琦君的书，朋友说已有了。

离开竹风时天已经黑了，在温州街吃了一碗温州大馄饨。温罗汀书店群，两个三角板块的书店基本逛完了。明天再来逛辛亥路北面，台师大书店群，那边还有一些特别值得逛的书店。

联经书房・上海书店

女书店

书林书店

竹风书苑

茉莉二手书店

胡思二手书店

惜书站

结构群

古今书廊

水准书局

合记书局（台大店）

唐山书店

启业书局

明目书社

雅博客二手书店

华欣书店

雅舍二手书店

公共册所

南天书局

小高的店

山外书店

舊香居
旧香居是台北旧书店地标，每次来台北，
一定要到旧香居，闻闻书香。近日读
台北李志铭
先生作品
《旧书浪漫》
回想二〇一七年
在台北和志铭
兄、旧香居
美丽的女主人
卡密小姐在
一起吃饭、聊
书的情景，尤
其是在旧香
居地下库房，那真是书的天堂。
綠茶·庚子春二月廿九

旧香居

台北书游记（中）

应网易蜗牛读书邀请，参与“网易一见”寻美台湾文学之旅来到台北，借活动间隙，在台北街头巷尾，偶遇各种人文书店和旧书店。于我而言，寻美台湾之旅中，最美的风景之一是书店。主办方在安排蒋勋、罗智成、张大春、阮义忠的交流活动时，也贴心安排在书店或阅读空间里，从中也能看出，书店是台湾美学和文学的重要声场。

第一场和蒋勋先生的交流是在云门剧场，这是一个艺术与自然完美结合的现场。云门剧场在淡水落成有很多机缘巧合，最让人动容的故事是2008年，一场大火烧毁了云门排练场，社会各界才真正关注到原来这个在世界范围享有盛誉的现代舞剧团，还在铁皮箱里排演。在各界关切下，云门获得4000多笔捐款，重建了现在的云门剧场。

云门后面，一个小配楼里，有一家大树书房，在书房楼顶可以俯瞰云门剧场，绿树与淡水河，构成了云门剧场不一样的美学画面。大树书房由时报文化运营，书房小小的，但选书很精致，除了关于云门舞集和林怀民先生推荐的书，还有一些舞蹈、艺术之类书籍和相关文创。

交流活动结束后，多数成员在周边流连忘返，我和魏小河、芷菱徒步去著名的有河 book，就在淡水捷运站附近。夕阳西下，漫步在淡水河边，一处一景，很多瞬间像是回到儿时童年，有种似曾相识的味道。不知不觉走了两公里，眼前出现一大片草坪，人们在草地上、河边闲坐，陶醉在眼前的夕阳、波光中。我当时想快点找到有河 book，上到这家二楼书店阳台上，这个阳台是有河 book 最为人称道之处。我想，有河阳台，一定能看到和别人不一样的风景。

当我们在一片小吃摊间终于找到有河 book 时，小门紧闭，一张纸条打碎了我的美好。“有河 book 公告：本店已结束营业，新书店将于 12 月重新开幕，敬请期待！”的确期待有河重启，但此时我只有失落，眼前的美景已经打动不了我，突然觉得很累，走不动了。

路边小摊有一家卖甘蔗汁，一大口下去，甜甜的，儿时的味道瞬间治愈了我。小河说他以前去过淡水捷运站旁边的一家旧书店，我们可以去看看。一听说还有书店可逛，又来了劲。到捷运站周边，找了半天却是找不见这家旧书店，小河想了想说他可能记错了，应该是别的捷运站。后来逛了温州街一家旧书店竹风书苑后才知道，他们的确在淡水有一家店，可惜当时我们没有找到。

第二场，和罗智成先生的交流安排在新生南路三段的紫藤庐。日据时代，紫藤庐是台湾“总督府”高级官舍，后来是经济学家周德伟住所，如今，这家集茶馆、餐厅、咖啡、展厅为一体的空间，已是台北重要的文化声场。

紫藤庐所在这片区域，有台北最重要的书店文化生态圈——温罗汀书店群。根据几份温罗汀读书地图统计，这片区域有书店、咖啡馆、文艺声场等上百家，位处台湾大学和台湾师范大学之间，温罗汀文化生态圈也是台北最重要的文化地标。

和罗智成先生交流结束后，天已经全黑，我和芷菱一头撞到胡同里，经过温州街、泰顺街，来到龙泉街，胡同里有各种卖衣服、卖首饰的小店以及文创、咖啡小店等。快到龙泉街尽头时，这种热闹突然消失，眼前一家书店迎接了我们。旧香居，台北最著名的旧书店之一，跟女店主卡密约好，我们来了。

这天正好是双 11，大陆的朋友们此时正在买买买，我们进了书店，话没顾上说几句，就投入买买买的战斗中。人类天然有着占有的欲望，买买买是人类最原始的行为，只不过一些人喜欢买衣，另一些人喜欢买书。一阵乱买过后，我们对着眼前一堆书发呆，该怎么把这些宝贝拿回去呢？和卡密小姐、志铭兄约好过几天一起吃饭，我就把战利品留在书店，等着饭局后再带走。再来时，我已在逛书店过程中又买了很多很多书，只好对这批战利品精简再精简。

第三场和张大春先生，第四场和阮义忠先生，交流都在诚品敦南总店。诚品在全台有很多家店，有些店的规模和格局都远超这家，但敦南总店对台北的重要性是不容置疑的，当外界谈论诚品时，基本上都在谈这家店。

PS：2020 年 5 月 31 日，诚品敦南总店关门的消息惊动两岸的爱书人，每位逛过诚品敦南店的人都会对这家书店印象深刻，21 年 18 万小时不打烊的诚品敦南店是书店业的传奇。

认识大春先生应该有十几年了。那时候我在报纸编书评，差不多是大春先生开始在大陆出书后不久，就由出版社安排认识了。之后，也陆续在其他场合见过或一起饭局过，还曾获赠他几幅字。这次是主动找上门来。大春先生马上要出版的新书还是关于文字的，叫《见字如来》，他和我们分享了这部作品的由来，同时选了一些字和大家分享，收获很大。

我们现在越来越远离中国字了，甚至很少拿起笔写字了，但我们对赖以为用的文字其实了解很少，不了解我们的文字，其实是很难写好文章的。“见字如见故人来”，这是大春先生分享的主题——对于文字，应有这种遇见故人的亲近，这应该是文字创作者的基本态度。

阮义忠先生是摄影家，他的大多数作品都在大陆出版了，但这次听他讲“在回家的路上”，还是很有感触。讲真，我们每个人不可避免也在离家和还乡的轮回中。年轻时，总想离开故乡远远的，去远方追求自己的梦想，在外漂泊几十年后，再回到故乡，虽然一切都变了，但只有回到故乡，你才能感到安心，才能体会来处和归处其实就在这个地方，是一个人不变的精神源地、思想源初。

活动间隙溜去，找到曾被评为全球最美 25 家书店之一的好样本事。这家书店更多意义在于她的设计感和理念，小小的空间里，容纳了许多美学元素，并且能合理相处，呈现一种小巷里的特立独行。路上还偶遇了一家花栗鼠绘本馆，同样小小的，很温暖。在台北街头巷尾，随处可偶遇别样的书店，感觉特别美好。

短短三日，和四位台北文化大咖交流，每个人身上都有思想闪光的地方，虽然只是简单的交流，却留下一些回味和思考。这样的交流的确很有意义和必要，就像罗智成先生交流中反复提到的，我们这个时代，深层次交流越来越少，但我们又那么渴望深层交流，也许，阅读是很好的途径，它虽然没有面对面交流那么直接，却能慢慢地、持久地影响着我们。

“寻美台湾”——

+ 蒋勋

+ 罗智成

+ 张大春

+ 阮义忠

旧香居：一日不读书 口中生荆棘

旧香居的灯光

旧香居里的旧书香

左起：绿茶、旧香居老板卡密、台湾书店观察家李志铭

好样本事

花栗鼠绘本馆

紫藤庐

诚品书店中山地下书街

台北故宫停云书店

大树书房

大树书房

旧书谷仓

有河 book

同安街墙画

台北书游记（下）

从捷运古亭站出口2出来，没走几步，右转进入同安街，抬头看看街牌，同安街2号，我要去107号纪州庵文学森林。一路慢走，快到小街尽头，才看到一栋别致的崭新建筑，楼的一角有“纪州庵”三个大字。

来之前看过地图，和同安街平行的就是牯岭街。牯岭街在文艺男女中青年眼里或许是台北最有名的街巷之一，杨德昌电影《牯岭街少年杀人事件》中，在牯岭街的旧书市上，小四看见小明，再次向她表明心迹，而小明却断然拒绝了。失去控制的小四接连向小明捅了7刀，小明当场死去。

电影中的旧书市早已不存在。牯岭街旧书街自上世纪50年代发展而来，60年代、70年代达到鼎盛，后搬入光华商场，至此，牯岭街旧书市成为历史。台湾书家傅月庵先生写了不少关于牯岭街旧书市的文章，但那个美好的旧书时光已逝去，如今的牯岭街像台北其他街巷一样，过着再日常不过的生活。

而我非要沿街走透透，总觉得一定有我非走不可的理由。

牯岭街及周边街巷，统称台北城南口，是台北重要的文学地标。在纪州庵书店前台，服务员姑娘很热心地送我一张《台北城南文学之路导览地图》，这张手绘的文学地图，标有 27 个文艺去处，匆匆向送我地图的姑娘轻声说谢，夹着地图就出了门去。

走没几步，一位邮局大叔看我拿着地图四处张望，好心地问：

“找哪里？我是这一带邮递员，可以给你指路。”

“就是到处走走看看，没什么目标。”我说。

大叔很热情，我们就在他摩托车旁边聊了起来。邮递员大叔告诉我，他祖籍浙江永康，和我算半个老乡，但他说没回过永康，堂兄弟们都在永康。

我问大叔这一带有什么好玩的，他想了想：

“这片很有生活气息，有点类似你们北京的胡同，比较有名就是牯岭街，电影你应该看过，这条街穿过去就是。”

因为下午要赶回纪州庵参加文学交流活动，我匆匆道别邮局大叔，照地图先拐入厦门街 113 巷。这条巷因三个地标而有“文学巷弄”之称，尔雅出版社、洪范书店和余光中旧居。

尔雅出版社由作家隐地于1975年创办，为台湾纯文学出版“五小”之一，另外“四小”分别是九歌、洪范、大地、纯文学。两天前在台湾老诗人向明老师家，看到他很多诗集都由尔雅出版，向明和隐地是老朋友，都是蓝星诗社成员，常在一起参加诗歌文学活动。站在尔雅门前，心想这时候如果向明老师在旁边，可以带我进去和隐地先生聊聊天多好。在门口张望一下，拍几张照，继续往前走。

在厦门街113巷和牯岭街十字路口，有一个很小的牯岭公园，地图上显示，洪范书店也在这个路口。我四下各找了一会，终于在一个不起眼的居民楼门口，看到一个小小的木牌“洪范书店”。我试着按了一下门铃，门真的开了。上了二楼，今天有人上班，看我在窗外探头探脑，里边人问：“找谁？”

我说：“随便看看。”

“那去隔壁看吧。”

我到隔壁，应该是他们的书库，有一个年轻人在玩手机，没问我来干吗，我主动说：“看看书。”他示意了一下。我就埋头翻书架上的书。

洪范书店不是书店，而是一家纯文学出版社，由杨牧、痖弦、叶步荣和沈燕士四人于1976年创办，在文学出版越来越式微的今天，他们还在坚持自己当初对文学出版的理想。书架上的书，大多数前两天在诚品书店也见到，待了小一会儿，就下楼走了。

本来还想去余光中旧居，看地图上说，旧居已经不在，盖成了一栋大楼。遂沿着牯岭街一路走，走到头。

牯岭街和台北大多数小街没什么不同，破旧的镶着马赛克瓷砖的房子，一楼是上下拉的铁门，二楼往上都装有铁窗，电线在楼间穿回，见到毫无美感的店牌。

一路快走，微微有点出汗。快到福州路时，放慢了脚步。这一带曾是牯岭街旧书市的旧址，如今，看到最多的是以德昌命名的小店。

终于，还是让我闻到旧书的味道。

牯岭街 62—64 号，是一家叫书香城的二手书店。这家书店品种很杂，除了满满的书，还有很多挂历、画、礼品等。店内很拥挤，过道上堆满了新收还没上架的书。我转了一圈，没看到有亮点的书，就出来了。

也许是走了这么久终于闻到书香有点兴奋，走出几步才想起来忘了拍照。又回到书香城，问老板，可以拍照吗？老板递给我一张名片，示意可以拍照。匆匆补拍了一下，跟老板挥手再见。

紧挨着书香城，是一家叫新旧书屋的书店，门牌号为 62–1。这个房子很矮很旧，像是 62 号人家搭的违建，门也矮小，需低头才能进入。

一位老先生在吸着烟翻书，见我进来，就招呼我随便看，说屋子小，书不少，但堆得很杂乱，随便翻。我扫视了一下，旧书密度很大，还有个小楼梯可以上楼，就是看起来有点悬，我没敢上去，怕压下来。书店虽叫新旧书屋，主要以旧书为主。

老先生见我认真翻书，找书，觉得应该是个主顾，主动和我聊起来。我说来自北京，有几个经营旧书的朋友，他更来了兴致。我们愉快地聊天，老先生开始讲述自己的个人史。一个小青年，投身部队，随部队只身来到台湾。在邮政系统工作一辈子，因为爱书，天天泡在牯岭街，见证过牯岭街旧书黄金时代，也因为舍不得这份情结，退休后，把自己几十年收藏的旧书拿出来，经营起自己的小书店。

听老人讲故事真是非常享受。但因为时间有限，只好告辞老先生，留下名片，期待下次再访，听他继续讲那些和书有关的牯岭街美好往事。

穿过福州路十字路口，又见到一家门脸极小的书店，叫人文书舍，在一排房子的最边上，也像是临时搭出来的违建。一条长长的过道，形成一道长长的书廊，中间只够两个人通过。

摊主是40多岁的中年男人，我进来的时候，他正在修补一本书，也不抬头看我，感觉没来客人一样。直到我主动问他在补什么书，他才抬头看看我。

“没事打发时间。”

“生意还好吧？”

"马马虎虎。"

这位店主也挺能聊的，也许这是开旧书店的人的普遍现象，太寂寞了，聊聊书总是很让人兴奋。

"你经历过旧书摊时代吗？"

"那很早了，当年我岳父在那里经营。交到我手里才十多年，我还在努力地学，越学越有意思。"

"现在收书困难吗？好书多吗？"

"好书都让茉莉、旧香居等收去了，像我这样的小书店出不起价，只能收些他们挑剩下的。"

"我看你这里好书也不少啊！"

"那么多年的积累，总还留下了一些，但也算不得太好的书。"

"……今天赶时间，不能细看，下次有机会再来慢慢挑。附近还有旧书店吗？"

"这一带还剩下四家半。路口马路对过有两家，我的书店右手还有一家半，因为其中一家只在周末开，所以算半家。"

临走时，想给摊主拍张照，他说不要。挥手告别后，到门口往里再拍一张长长的书廊，他小小的身影依稀可见，在尽头继续埋头修书。

前几天，读到台湾另一位书人吴兴文先生的文章《牯岭街寻宝》，吴老师和傅月庵先生两位是台湾书店通，看了他的文章才知道，牯岭街实际上还有五家半书店，除了我逛过的书香城、新旧书屋和人文书舍，还有松林书局、高老板的店和已经搬空的易林书局。文首附了一张地图，清晰标出这几家书店位置，是牯岭街逛书店最好的参考。

下午 3 点，赶回纪州庵文学森林参加文学交流活动。这是台湾著名文学杂志《文讯》的地盘，纪州庵文学森林创立几年后，已经成为台北重要的文学场域。

纪州庵原是一座百年前的日式木结构料理屋，紧邻河畔，景色宜人，曾被大火焚毁，一度荒烟蔓草湮没。战后的纪州庵成为政府的公务人员宿舍，作家王文兴曾居住于此，并以此地的场景写出了小说《家变》。

创刊于 1983 年的《文讯》杂志，原来是国民党文化刊物。2003 年，国民党停止供给经费，《文讯》转为自主经营，但仍保留在原来的国民党中央办公大楼办公。这栋大楼后来卖给了张荣发基金会作为办公大楼，《文讯》杂志的免费租约到期。借着 30 周年的契机，《文讯》发起了一场面向文艺界的募捐拍卖活动。岛内作家慷慨解囊，共募得书画文物 600 余件，首次拍卖约 2100 万新台币，盘下这个地方，经营起这一片文学森林。

这是一场轰动岛内的台湾文学另类盛会。那天在诗人向明老师家，也听他谈起，并拿出《文讯》杂志给我看，上面有这场募捐拍卖会的报道和募捐

孤獨國

周梦蝶

昨夜，我又梦见我
赤裸裸地趺坐在负雪的山峰上
这里的气候黏在冬天与春天的接口处
（这里的雪是温柔如天鹅绒的）
这里没有嚣嚣的市声
只有时间嚼着时间的反刍的微响
这里没有眼镜蛇、猫头鹰与人面兽
只有曼陀罗花、橄榄树和玉蝴蝶
这里没有文字、经纬、千手千眼佛
触处是一团浑浑莽莽
沉默的吞吐的力
这里白昼幽阒窈窕如夜
夜比白昼更绮丽、丰实、光灿

而这里的寒冷如酒，封藏着诗和美
甚至虚空也懂手谈，
邀来满天忘言的繁星……

过去伫足不去，未来不来
我是"现在"的臣仆，也是帝皇。

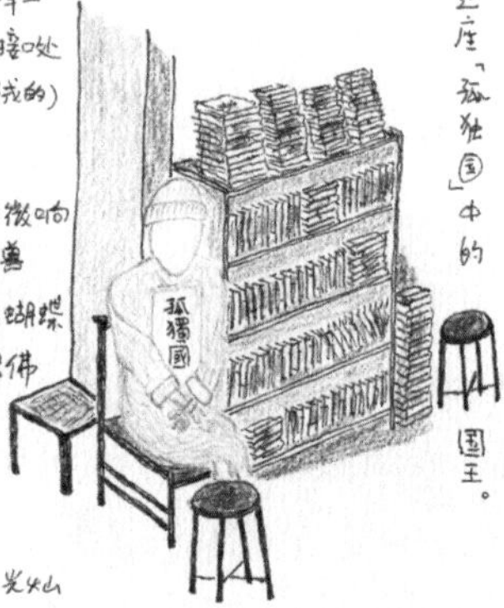

说起书摊，我们都要向台湾诗人周梦蝶周公致敬，
自一九五九年起，周公在台北武昌街明星咖啡厅门前
摆书摊，一摆就是二十多年，专卖诗集和纯文学，
周公在书摊前打坐的身影，是台北六七十年代最
文艺的风景，无数文学青年慕名而来。纪录片
「他们在岛屿写作」有一辑叫《化城再来人》，详尽
讲述周公的故事。周公守着自己的小书摊，
成为这座「孤独国」中的国王。

周梦蝶书摊

作品，作家们纷纷拿出自己的宝贝——为了保住一片文学森林，这份对文学的真诚实在让人感动。

纪州庵的艺文空间，现在包括日料、书店、展览和沙龙等。在这里参加一下午活动，我收获了不少对台湾儿童文学和绘本创作的认识。这个空间有点类似北京的单向街，是让我等“文艺中年”六根不净之所在。

补记：这次书游记写完几年后，又来逛过牯岭街，还是关心这几家书店的情况，书香城还正常开业，新旧书屋关着门，不知那天没营业，还是真的关门了。人文书舍新搬了一个位置，离得不远，比原来的长廊略显宽敞了。松林书局开门了，书把店门堵得死死的，根本无法入内阅书。店主老头脾气挺怪，问他不爱搭理你。后来买了他几本书才跟他说上话，他说：“你们陆客总爱问东问西，我在这儿开书店几十年了，一直是这个样子。”好吧！开书店的人，总有一股子任性。

纪州庵文学森林

松林书局

书香城

书香城

牯岭街

新旧书屋

洪范书店

草根書室
草根书室是新加坡著名的中文书店
系新加坡著名作家英培安所创.
对新加坡的中文阅读影响深远.
——綠茶 二〇一九.七

草根书室

新加坡书游记

新加坡之行虽为亲子游，还是在最后一天申请了自由行，于是有了一场匆忙而丰富的新加坡书游记。同时，寻访郁达夫在新加坡的一些痕迹。

这一天是 2019 年 5 月 30 日。

先去郁达夫当年经常吃饭的地方——老巴刹吃了早餐，借由导航开始一天的书店之旅。查看书店攻略，新加坡书店主要分布于中峇鲁—丹戎巴葛—牛车水一线。那就从中峇鲁开始逛，这里正是当年郁达夫寓所所在地。

我走进的第一家书店叫 Books Actually，新加坡最有名的人文书店之一，是一家英文书店。店内堂设非常讲究，不同的空间区域，有不同的经营类别，新书、旧书、唱片、文创，应有尽有，尤其书店最里的一个小空间，有丰富的西文旧书，书缝里夹着一本中文的《历代笑话选》。还在一个很不起眼的书架上，发现少量的中文简体和繁体书，有刘震云的《温故一九四二》、鲁敏的《奔月》等，以及繁体版陈冠中的著作若干。

相隔几个门脸，是一家儿童书店 Woods in The Books，门口墙上有非常有趣的涂鸦。店内非常整洁有序，有各种英文绘本、儿童文学，还有很多配套玩具和儿童文创，店内每个细节都体现着浓浓的童趣。仔细浏览了一圈，大多数英文童书国内都有中文版，看来中国的童书引进的确与世界完全同步了，孩子们的阅读世界是平的。买了一个小玩具，准备一会儿送给小茶包。

中峇鲁这片区域有点类似北京三里屯，大街小巷有浓郁的文艺气息，路边房子的墙上，有非常精彩的墙画，有些学生来这边写生。

被导航带到一栋大楼叫陈文烈大厦，举目望去，这栋商务大楼里密密麻麻挂着各种公司招牌。9 楼有一家书店叫 SKS BOOKS，这是一家宗教书店，规模很大，有非常丰富的世界不同宗教书籍。此处彼处，这类书店在此处或难一觅，但在彼处可是非常成规模的专业书店。

接下来的这家书店叫 THE FRENCH BOOKSHOP，很小的一个门脸，进门先看到《联合早报》报道这家小书店的整版报道。店主法国人英曼尔·博叶特原来在上海、北京等城市工作，后被公司派到新加坡工作，于 2009 年 10 月创办了这家法国书店。书店真的很小很小，大概只有四五千本书籍，这些书籍中，还有部分中国作家的法文译本。转了一圈，买了一本绘本送茶包。

终于找到一家中文书店——草根书室。这家书店隔壁是晋江会馆，这会馆是当年新加坡抗敌总会所在地，1942 年郁达夫作为抗敌总会的负责人之一，多在晋江会馆值班、开会。

草根书室系新加坡本土作家英培安发萌于 1978 年，是新加坡书店黄金时代的代表书店之一，为马华文学和出版做出特殊的贡献。草根不仅是书店，也是出版机构，策划出版了马华文学丛书。后来英培安旅居香港多年，1995 年返回新加坡后重张草根书室，并和青年书局陈孟哲联合策划出版马来西亚华文作品，如“新马文艺丛书”和“南方文丛”等影响巨大，并且出版很多学习华文的字典及相关教材等，广受读者好评。

青年书局陈孟哲也是一位了不起的书店人，这家书店创立于 1955 年。陈孟哲的父亲陈岳书是上海书局创始人，上海书局和中华书局、南洋书局、世界书局并立为新加坡四大华文书局，自新加坡开埠以来，这四大书局对新加坡文化建设有着举足轻重的作用。陈孟哲因为和父亲经营理念上的不同，独立出来创业，创办了青年书局，为新加坡书店业和文学做出了突出贡献。陈氏父子是温州人，有着温州人天生的商业眼光和头脑。

温州人陈氏父子的故事以后找机会专门撰文介绍。

2014 年英培安退休后，书店由几位热爱草根的人接手。书店继续秉持服务华人读者为理念，主要销售大陆、港台版中文书籍。我浏览一过，大陆很多最新出版的新书这里都在架销售，同时设有一些小专题展陈，如五四百年等。

新一代经营者参考借鉴了港台很多书店的做法，开设有咖啡区和活动区，经常性举办各种类型文化活动。店内签名版上密密麻麻签有活动嘉宾和一些文化名人的签名，我站着仔细辨认了一下，有坂本龙一、甘耀明、吉井忍……一大串名字。

草根另一侧隔壁是一家叫 The Reading Room 的书吧，我在这里坐了会儿，喝杯下午茶休息一下。养足精神，下一站徒步去牛车水（新加坡的中国城）。

去牛车水路上，偶遇一家书店叫 Littered with Books，这家招牌很小，不小心很容易错过的书店，店内却别有洞天，长长的进深，长长的书架，上下两层。英文书店，书架错落有致，书摆放很整齐。很喜欢这家书店营造的氛围。

最后一站到牛车水的 The Moon，这也算是一家书吧，书更多是展设，店内很多人在用餐和喝咖啡。像大多数国家的中国城一样，牛车水这一带商业味很浓，各种小商品应有尽有。

这几日在新加坡，还偶遇过两种类型的连锁书店。一为大众书局，这是早期四大书局之一世界书局发展而来，家族企业，主要分布在各大商场，是新加坡最大的书店集团。同样发源于新加坡的书店集团 Page One（壹叶堂），这几日都没遇见，不知道是不是已经撤出新加坡，而这家书店集团在中国大陆的书店已被新经典文化收购。另一家偶遇多次的书店是日本大连锁书店集团 Kinokuniya（纪伊国屋书店），也没有进去。

每次亲子游，都是见缝插针逛书店，虽然匆匆忙忙不太过瘾，但能偷得浮生一日游已经很开心了。如今，疫情蔓延全球，不知道还要持续多久，这样的亲子游和书游记，更是奢望了。宅在家里，遥想去年这趟新加坡之旅，记之！

草根书室

The Reading Room

The Moon

Woods in The Books 书店

Littered with Books

Books Actually

SKS BOOKS

THE FRENCH BOOKSHOP

《星洲日报》旧址

郁达夫设计的《晨星》副刊版头

郁达夫题的“星洲书店”牌匾

郁达夫在新加坡的故居

番外篇

郁达夫的新加坡往事

一家人去新加坡旅行，住在新加坡繁华的丹戎巴葛一家酒店。在准备旅行攻略时，偶然发现郁达夫在新加坡期间工作的《星洲日报》就位于丹戎巴葛，于是引发了我寻访一下郁达夫在新加坡痕迹的兴趣。在旅行的最后一天，和小茶包和茶妈分头行动，试图一探郁达夫与新加坡的往事。

1938年12月28日，郁达夫应新加坡《星洲日报》之邀，来主编文艺副刊《晨星》。在下南洋的中国文人中，郁达夫应算是最大牌的。难怪他上班的第二天，该报时评版以醒目的标题刊登了一篇《为努力宣传抗战，郁达夫将入本报工作》的文章。一时间郁达夫来到新加坡，在狮城的文化、传媒圈就众人皆知了。

郁达夫工作的《星洲日报》位于罗宾逊路(Robinson Road)，在谷歌地图上搜了一下，离我住的酒店只有几百米，于是徒步去《星洲日报》旧址，几分钟就到了。如今的罗宾逊路 80 号是一个高级写字楼，因为来得早，写字楼大门还没开，在门口张望，密密麻麻写着很多公司和机构的名字，看到中国签证服务中心就在这个大楼内。

旧址斜对面，便是著名的老巴刹美食中心，这里也是当年郁达夫经常吃饭的地方。这是一个八角形状的楼，有八个门可以进入，有东南亚及世界各地的美食小吃，门口有张老照片，显示出当年老巴刹的热闹场景。

我来得比较早，只有一些早餐摊已经营业，点了一份鸡蛋面包加奶茶，吃了一顿新加坡风味的早餐。餐桌上，还有一些早起的鸟儿也来觅食，它们应该是老巴刹的常驻客人。

吃完早餐，坐地铁三站去郁达夫当年的寓所中峇鲁。当时旅居新加坡的中国文人多住在这一带，不同时期在中峇鲁住过的文化人有郁达夫、胡愈之、王映霞、关楚璞、谢克等。丹戎巴葛、中峇鲁和新加坡中国城牛车水构成了这一片繁华的景象，如今，依然是旅行者在新加坡必打卡之地。

郁达夫当年应该是走路上下班，徒步大概十几二十分钟。如今的中峇鲁已是很文艺很高级的住宅和商业区，郁达夫当年的寓所早已没有踪影，但我找到了郁达夫当年经常出没的另一个阵地——晋江会馆。这是当年新加坡抗敌总会所在地，1942 年郁达夫作为抗敌总会的负责人之一，经常在晋江会馆值班、开会。

晋江会馆隔壁，有一家新加坡非常有名的人文书店——草根书室。

郁达夫主编的《晨星》副刊第一版于 1939 年 1 月 9 日出刊，他写了一篇刊题，叫《晨星的今后》，述说他对《晨星》的想法。“《晨星》这块小园地，若能在星洲，在南洋各埠，变作光明的新区，白昼的主宰，那岂不是更是祖国之光，人类之福……希望由本刊的这一角小园培植出许多可以照耀南天、照耀全国、照耀全世界的大作家。”

可见郁达夫对《晨星》副刊有极高的期待，并且为之很努力，在他担任主编的三年零两个月的时间里，刊发了鲁迅、老舍、丁玲、茅盾等一大批中国大牌作家的作品，也刊发了不少本土作家和文学青年的作品。郁达夫除了编稿认真，约稿勤奋，自己在这段时间写作也是非常用功，在《晨星》副刊一共发表有 462 篇文章。他不仅是副刊主编，也参与副刊的插图和设计，《晨星》版头就是他自己亲自设计的。

才华横溢的郁达夫很快在狮城赢得了各界关注，尤其是文化界艺术界更是与他交往密切。他在中峇鲁的寓所成为文学青年的圣地，经常举办各种文学聚会。在聚会中，郁达夫无疑是一副导师的身份，给文学青年们谈写作技巧，谈各种文学现象以及对社会现实的看法。与他差不多同时来到新加坡而任《南洋商报》总编辑的胡愈之，这样评价在新加坡时期的郁达夫："没有亲近郁达夫先生的人，都以为郁达夫生活是挺浪漫的，待到和郁达夫一起之后，才知道他的生活顶严肃的，对工作又是非常勤谨的。"

1939 年 1 月的一个下午，郁达夫来到位于大坡大马路的星洲书店，在书店里选了一些书，结账的时候发现没带现金，让老板给他先留着，日后来取。但老板游杏南知道郁达夫的大名，他就让郁达夫先把书带走了。第二天，郁达夫来送书款，并多留了一些钱，留着下次买书之用。从此郁达夫成了星洲书店的常客，他为书店手书了"星洲书店"牌匾。

之后，书店成为那个年代的文学青年打卡圣地。在新加坡的书店里有一本书叫《致读者：新加坡书店故事（1881—2016）》，这本书详细记录了郁达夫和星洲书店的故事。

郁达夫在新加坡虽然只有短短的三年零两个月，但他给狮城留下了不少可供追忆和挖掘的故事。本次旅行太匆匆，不能深入了解郁达夫的狮城足迹，草此小文，为狮城之旅留下一点记录。

PIANO · THEORY · VOCAL · MUSICAL THEATRE LESSONS
D-FLAT STUDIOS
WWW.DFLAT.COM.SG
#01-33

牛車水粵劇團
歌藝超群

新加坡街边涂鸦

老巴刹

罗宾逊路 80 号

晋江会馆

中峇鲁涂鸦墙

小茶包送给爸爸妈妈的画

大阪书游记

京都大阪亲子游，不敢奢望能逮空逛逛书店，虽然之前做了一些两地的书店攻略，唯希望在路途之中能偶遇一二。让人没想到的是，在大阪时，小茶包在一个儿童乐园玩，我则在儿童乐园对面偶遇了一条书街，快速游览了一遍，颇有些收获，故记之。

中尾书店包书纸

京都三日行程紧密，没有机会偷空找书店，偶遇的唯一一家书店居然在岚山嵯峨野。从京都站坐JR山阴本线，在嵯峨岚山站下，徒步去天龙寺路上，偶遇一家书店叫London Books——门口几个书框里，摆放着一些旅游指南书和特价书，店内陈设简洁有序，书籍都比较新，但价格不贵，一般都在1000日元以内。

看过不少关于京都书店的书和文章，赞叹京都书店文化之浓厚，如果能放开来逛逛京都书店，会幸福死。只能把这个念想留给以后，期待来一次真正意义上的京都书店之旅。

关于京都的书店，非常推荐京都大学博士苏枕书小姐的《京都古书店风景》，这本书对京都的旧书店有着精彩的介绍。

没想到来了大阪，反而过了一小把书店瘾。

随茶妈到大阪购物天堂心斋桥一带逛，在一家偌大的优衣库隔壁，有一家古本屋中尾书店，娘俩逛优衣库，我请假片刻逛逛中尾书店。这家闹市中的古本店创办于昭和四十二年（1967），非常高级，有各种浮世绘和日本画家的画，以及各种古本日文线装书。书店不大，但品类很多，看得眼花缭乱，可惜不能久逛，买了一本大阪乡土杂志《上方》。

晚上，旅居大阪的前同事王小山邀饭，在难波千日前吃烧烤，饭后徒步回酒店，出门不远即看见一家天地书房。这家书店曾见傅月庵撰文推荐过，王小山打牌去了，我蹬着楼梯上楼逛书店，果然别有洞天，非常丰富的古本店，一眼扫去都是古本书。无奈天色已晚，茶包童鞋着急回酒店睡觉，依依不舍，匆匆离去。

真正的幸福在大阪最后一天。这天我们带茶包去大阪儿童乐园，之前一直逛寺庙、神社也是难为他小人家，每天两万多步也是够够的，想着最后一天让他嗨一下。

大阪儿童乐园位于扇町公园门口，一栋五层的大楼。小茶包一进乐园就疯了，眼花缭乱的游戏设施已经让他忘了我的存在，等他在积木城堡处落定，茶妈陪着，我就开溜去周边逛书店了。

儿童乐园对面有一条繁华的商业街，中午吃饭的时候瞥见一家书店，就先去这家逛逛。这家古本エンゼル书房以日本漫画为主，店内有少数几个书架也有人文社科书，细看有不少好书。刚开始逛，不敢贸然买书，怕负重影响接下来逛店。选了一本薄册子《日本史年表·地图》，吉川弘文馆出版，很便宜，只200日元。后来听知日作家刘柠兄说，这本小册子很不错，也是他常用的工具书之一。还买了一本《浮世绘·地图》。

沿街朝天神宫方向走，不多远又遇一家书店，叫栞书房。进门看见书架上贴着一张《南森町古本地图》，真是太开心了，原来这一片是南森町书店群，在地图上数了数，共有十家书店。这一发现真是太意外了，哪想到简单逛逛书店，却乱入一条书店街。我于是加快脚步，希望能在有限时间内逛完这些古本店。栞书房也有非常多漫画书和艺术画册，匆匆买了一本安野光雅的画册。

接下来几乎一家挨着一家。下一家是矢野书房。在门口的特价书架上，有一架100日元过刊，都特别好，我分别挑了其中各一期，《本の杂志》《一册の本》。矢野书房里有特别多关于书的书和杂志，全是我的爱啊我的爱，店内还贴了好几张古本书展的海报。还有很多很多《书物展望》，买了其中一期。

斜对面天牛书店，这家书店据说很有名，创办于1907年，已经有100多年历史。据大阪的唐辛子小姐说，天牛书店本店在她家附近，这是分店。但

smart books
N.49
greentea 11.4.

已经非常非常好了，店内陈列精致有序。好书很多，眼花缭乱。

天牛对面，还有两家古本店，都在二楼。一个楼梯上去，一家临街，叫古书杉本梁江堂，另一家在后间，叫ハナ书房。这两家都只是匆匆一过，但一打眼，感觉书物都不错，可惜实在没时间逛了。

有点遗憾前面逛的时间多了，最后三家却是最值得逛，可惜来不及细逛。前后共花了不到两个小时，匆匆逛了六家书店，还有几家遗憾错过。拎着一袋书赶回儿童乐园，小茶包才缓过神来，“爸爸，你去哪儿啦？”

London Books
（京都）

古书杉本梁江堂

天牛书店

矢野书房

古书ハナ书房

矢野书房

古本エンゼル书房

和小茶包在天地书房

中尾书店

栞书房

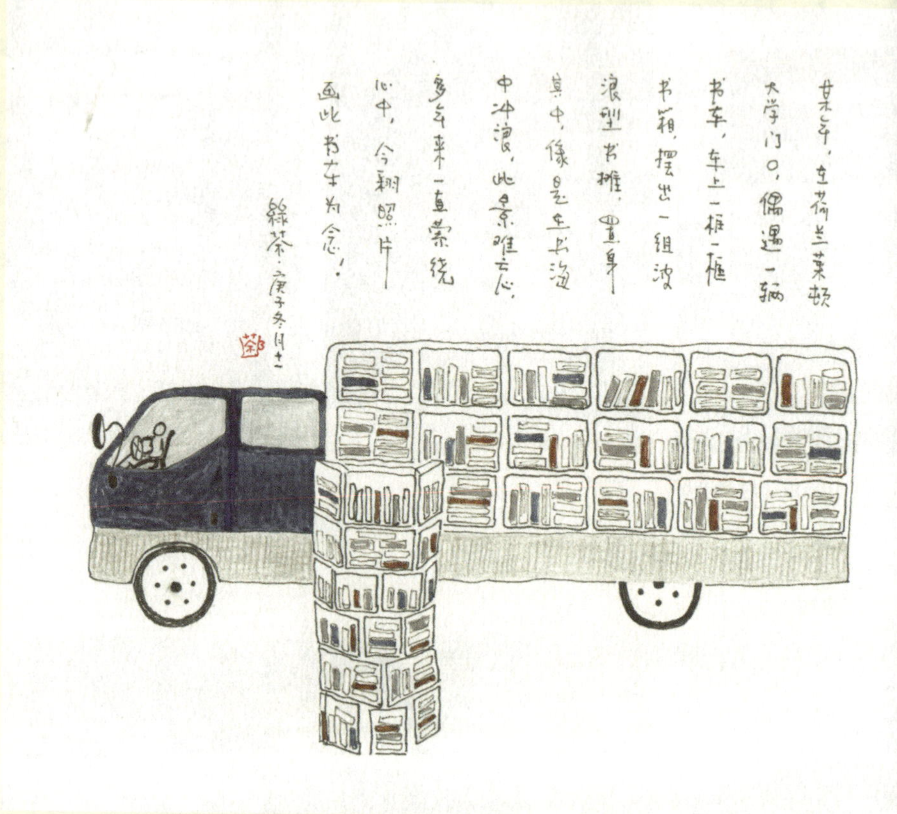
某年，在荷兰莱顿
大学门口，偶遇一辆
书车，车上一框一框
书箱，摆出一组波
浪型书摊，置身
其中，像是在书海
中冲浪，此景难忘，
多年来一直萦绕
心中，今翻照片
画此书车为念！
綠茶·庚子冬月廿

荷兰书车

阿姆斯特丹书游记

来阿姆斯特丹前，朋友们都告诉我，红灯区必去，奶酪要吃，有兴趣的话，再去 COFFEE SHOP 吸一次大麻，在荷兰，这是被允许的，大街上，随处可见 COFFEE SHOP 大麻店。而我，独被书店风景吸引。

开始，我对这座城市的书店所知甚少，只知道在荷兰东南部马斯特里赫特有一家教堂改装的“天堂书店”，这家被列为世界十大书店的店曾列入我的此行计划。但来到阿姆斯特丹后发现，荷兰并非只有一个天堂书店，这个城市中，有特别特别多不同特色的书店，每家书店在我看来都像天堂一样，让人惊叹。

我没有打听到阿市共有多少家书店，但可以告诉你几乎每条街都有不止一家书店，这大约 80 万的人口小城，这样的书店容量真是让人赞叹。很好奇地向荷兰朋友打听，怎么荷兰有这么好的阅读氛围？他们说，在荷兰，书店就像咖啡馆一样，是城市不可或缺的风景，是人们日常生活的一种方式。

在逛及的几十家书店里，我看到人们都在安静认真地读书，买书，有些二手书店虽然顾客寥寥，但店家一人也在店里静静地阅读，我都不忍心进去打扰。然而，我还是一次次地推开书店大门，或问候两句，或自顾自地拍照和翻书。

那几天，每天奔波在不同的机构，或采访或聊天或吃饭，但小城交通基本靠走，我非常享受走在这样石头铺成的路上。一边是运河，一边是老房子，好客的人们会和我打招呼，而我，更留意的是路两边不时露面的一家家书店。

到后来，我全部的注意力都放在书店上，导致同行的几位朋友受到感染，看到书店就喊“绿茶，书店”，而我自然就扑上去，一通拍照，围观。

太多的书店，让我很难取舍，但我还是想借此机会推荐几家。

首先是到的当天晚上，荷兰朋友带我们去吃饭，路过一家街角书店，SINGEL CENTRUM 348 号。当时是晚上，天虽然没黑，但书店已经打烊，店内柔和的灯光映照出一副我想象中美好书店的样子，顿时让我消除了 10 小时飞行的疲劳，真想推门进去翻翻书，坐坐。

第二天一早，又迫不及待地去这家书店，可还是没开门，门上贴着条，每天 11 点开门。后来知道，阿市所有商店，几乎早上都不开门。再后来，一次次从这家书店门前经过，每回都要拿出相机，留下一张书店影像。

这是一家绘本书店，店内摆设非常有趣，可爱。书店不大，但店内书的品种非常多，因为都是绘本，虽然看不懂，但翻翻这些可爱的绘本，已经是很美的享受。荷兰的绘本非常强，之后的几天，还拜访了多位绘本作家和他们的工作室，被这些作家和他们的作品深深吸引。

紧挨着这家书店，还有一家叫 Antiquariaat 的古本店。这家书店更是非常袖珍，但小小的橱窗吸引我一次次顿足，展示的那几叠旧报纸、旧杂志以及旧书，我来回辨认了很久，只认识两本《国家地理》杂志。

在阿市，这两家小小的书店给了我最初的美好。在接下来的日子，这样的美好一次次出现，我需要回味一下，容我以后慢慢与你分享。

在阿城，由于此行安排紧凑，有些书店仅仅是路过，拍下，而没有机会进去探访书店里的秘密。这是遗憾，也是牵挂。

阿姆斯特丹之行，和我们最密切接触的是两位翻译——毕业于莱顿大学的荷兰翻译家林恪（Mark Leenhouts）和莱顿大学中国留学生孙远（Sofie）。所以，我们中间开小差去了趟莱顿大学，拜访了莱顿大学中文系和他们的东亚图书馆，图书馆里的高罗佩藏书馆，宝贝很多，负责人高柏教授毫无保留地给我们展示那些宝贝。看见这些藏书，我们几位眼睛都直了。

更让我们惊讶的是，中文系主任柯雷和图书馆负责人高柏两位的普通话，简直让我这位南方人无地自容，柯雷满口的京片子让我恍若在北京胡同里，而高柏教授居然能和我用我的温州话对话，哦，My God! 那一天我爽坏了，当晚的饭局上，当了几天哑巴的我，像个话痨一样，和这些普通话比我还好的老外们一直说一直说一直说。

其实，从迈入莱顿小城开始，我就被惊了一讶。从火车站出来不远，一个波浪形书摊把我震着了，我迈开大步扑上去，腿都软了。这个由好几百个书盒码起来的书摊，呈波浪形，荡开来，我的小广角相机愣是没拍全全景。和摊主聊天知道，这个移动书摊不定期来莱顿，也到其他城市，我们来的这天，算是赶上了。

围着书墙扫寻，发现一架 China，上面有中文书，也有翻译成外文的中国书。翻译林恪指着其中一本书说，那是他翻译的书，一本谢阁兰在中国的游记。

后来，我把这个书摊的照片贴到微博上，围观者众。有两个问题最集中，一是下雨怎么办？二是什么样的书车？

关于下雨怎么办的问题，没有问过老板，但是，在我拍的照片中，我发现很多防雨的塑料布和包装袋，那些应该是用来防雨的。的确，荷兰是个时不时就下雨的地方，这样的措施老板应该能想到。而且，这个书摊是由一个个书盒组成的，是很容易搬到停在旁边的书车上的。

我想赖在书摊边不走。

从莱顿大学图书馆出来，在河边喝咖啡。聊起书店，中文系哥舒玺思老师说，她也是位书店控，作为同好，她当即表示带我逛莱顿的书店。站起来就走，走没几步就看见一家法律书店，店门紧闭，傍晚时刻，书店打烊了。趴在橱窗一通观望，拍下照片。在千米左右范围内，哥舒玺思老师带我趴观了七八家书店，都关门了。但我很满足，也不觉得这些书店拒绝了我——我知道，她们在给我留着念想，期待我有一天再次踏入大门。

莱顿小城，只有 12 万左右人口，据说有十几家书店，我没能一一参观。晚餐后 10 点多，天蒙蒙黑，准备走出小城时，又遇见一家叫 ATLEEST 的书店。镜头中，同行的康师傅在给荷兰大牌作家卡德尔·阿卜杜拉（Kader Abdolah，他的作品《天书 · 我父亲的笔记本》已有中文版）拍照，他们都被我摄入镜头中。

又再路过下午书摊处，这里一片空旷。下午的书摊像是海市蜃楼，成了记忆中的美好。

住在阿姆斯特丹 Herengracht 运河边，在住的宾馆周围走路 5 分钟范围之内，我仔细盘算了一下，有 15 家书店，也许还不止，可能还有我没发现的。

所以，我每天出门，不管从哪条路走，都会路过某家书店，而我每次都从不同的角度随手拍下路过的书店。

ATHENAEUM BOEKHANDEL（雅典娜书店）像个坐标一样，吸引着我一次次从她们门前路过。每次出门，我都下意识地从这家书店门前过，一是因为书店处于一个很显要的位置，经过这里可以通往各个地方；二是，这家书店非常符合我心中对书店的美好想象。

荷兰朋友说，这家书店也几乎是阿姆斯特丹人最喜欢的书店之一。

书店内层次分明，不同的角落被分割成不同的区域，每个区域形成很独立的图书分类，处处体现着一家书店的独特设计。一些角落安着大大的“反光镜”，反射出另一个角落摆放的图书，也反射出我这个“书店控”的惊讶表情。

我不记得多少次在这家书店里徘徊，像个真正的读者一样仔细地翻看着看不懂的荷兰语图书，但凭着封面能认出一些，比如村上春树的《1Q84》、西班牙作家萨丰的《风之影》等。我翻看这些书的定价，在心里盘算一下，感觉非常贵，而且，基本上不打折。这是荷兰书店的特点。

这家书店还有一个门面专门卖报章杂志，也是大而全。不仅仅这里如此，阿姆斯特丹街头的报刊亭，都非常别致而有设计感。他们也和书店一样，给我留下美好的印象。我始终觉得，一个城市的报刊亭文化，也是非常重要的文化坐标，没有好的报纸和杂志，这个城市的文化韵味会大打折扣。

雅典娜书店马路对过，是一家规模也很大的The American Book Center。一天上午，我出门第一站就到了这里，而且是开门入内的第一位顾客。外表并不显眼的书店里，规模和设计让我着实惊讶，弧形的楼梯围着一棵大树盘旋而上，形成一个很好看很壮观的弧形书架。细数而上，书店共四层，一层为艺术书和各类杂志，同时有很多小物品，二层为旅游、生活类图书，三层为音乐、电影类书，同时有各种碟，四层为书店办公区。

当时外面下着雨，我干脆以躲雨的理由在书店里待了很久，看阿姆斯特丹地图和荷兰地图，盘算着自己的下一次旅行。

直到雨停，走出书店。雨后的阿姆斯特丹凉意袭人，书店门前是一大片空地，据荷兰朋友说，这片区域每周五有二手书市场，我牢记这个时间，期待那一天到来。但是今天，雨后的空地上，搭起了很多简易棚，很多商家和艺术家在这里卖画。我在棚里穿过，没有问也不准备买，就是想象一下过几天的二手书市。

但是，终于我还是没有赶上期待的二手书市。

Antropologie
China
Engels
@绿茶
weibo.com/chakefusiji

@绿茶
weibo.com/chakefusiji

@绿茶
weibo.com/chakefusiji

荷兰访书

@绿茶
weibo.com/chakefusiji

@绿茶
weibo.com/chakefusiji

@绿茶
weibo.com/chakefusiji

Selexyz& Scheltema

The American Book Center

Antiquariaat

Het Fort van Sjakoo

自行车和书店

Emirates
清晨，和未读老伙伴、小伙伴迎着朝霞
途经迪拜，飞赴法兰克福，参加著名
的法兰克福书展。希望此行收获满满，
重要的是发现并引进更多好书。
——绿茶 二〇一九·十·十五

飞赴法兰克福书展

法兰克福书游记

2019年深秋10月，应未读之邀赴法兰克福书展。那几日在书展现场来回奔忙，差不多半个小时谈一家出版社。眼花缭乱的全球出版界，貌似依然生机勃勃。最后一天，脱团在法兰克福市内转悠，享受一天美好的书店之旅。

Messe Frankfurt
走马灯似的见海外出版社代表，
几个场馆间来回穿梭，法兰克福
书展两天下来，最深的感受是累，
间隙在中心广场坐会儿，凉风习习，
速写一张广场上的热闹
和休息的人们。
——绿茶
于Frankfurt
STELLT
DAS
BUCH
CPi
Frankfurt
Pavilion

法兰克福书展

从法兰克福会展中心徒步进城，穿过一个大MALL，这商场里有一家规模不小的书店，前几日在商场里吃饭已见。书店叫OSIANDER，应是一家连锁式的商场书店。店内很宽敞，估计属于大众化的书店模式。童书区很可爱，有各种玩具和绘本。看来，商场里的书店已是世界书店业的大势，有流量的地方才有商业，何况书店这种讲究体验的实体呢。

匆匆一过，继续向城里进发。偶遇一家阿拉伯语种的书店，文字不通，进去转了一圈就出来了。跟着导航来到法拉克福火车总站，这是一栋看起来很有历史的老建筑，这里的火车通往欧洲各国城市。站在轨道尽头，望着越来越细的铁轨，有很多想象。而铁轨终点，正对着的是一家书店——Schmitt & Hahn，这是一家连锁书店集团，起源于1841年的海德堡，目前在德国有将近百家实体店。

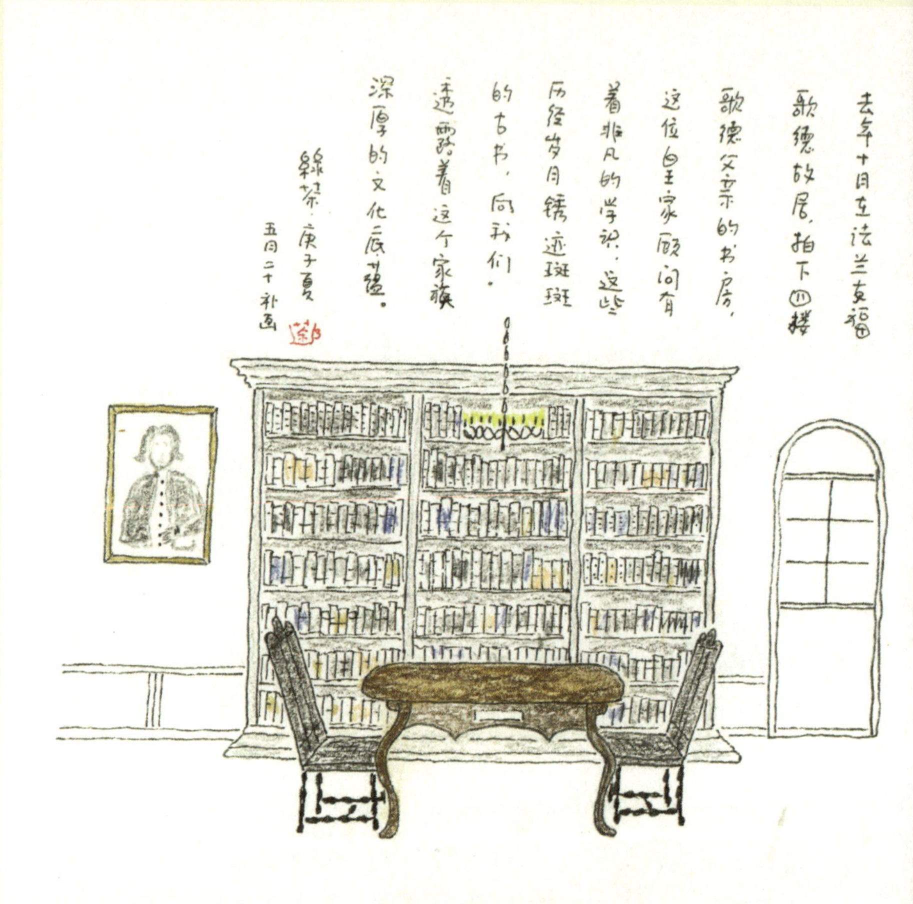
去年十月在法兰克福
歌德故居，拍下三楼
歌德父亲的书房，
这位皇家顾问有
着非凡的学识，这些
历经岁月锈迹斑斑
的古书，向我们
透露着这个家族
深厚的文化底蕴。
綠茶·庚子夏
五月二十补画

歌德故居书房

由于是车站书店，他们的经营方向很明确，就是服务旅客。店内以旅游和文学书为主，更大规模的是报纸和杂志，两面墙满满的杂志。真感慨啊，几年时间，中国的杂志和报纸瞬间萎缩，而欧洲的杂志业还是这么发达，一个普通的书店，就有如此规模的杂志陈列，这在中国杂志业最繁盛的年代，也没有这个阵势。作为一头曾经的纸媒编辑，情何以堪啊！

车站大道一路直行，就穿到了歌德广场，歌德故居就在附近，先去朝拜一下。1749 年 8 月 28 日，歌德出生于法兰克福一个富裕家庭。16 岁时离开家乡到莱比锡学习。1776 年到魏玛公国任枢密公使馆参赞，后半生都在魏玛度过。

歌德故居是一栋四层半小楼。来得较早，游客不算太多，每个房间挨个参观一遍，允许拍照，每个房间都有独特的陈设，还有精美的油画。四楼歌德父亲的书房特别棒，老歌德法学博士出身，拥有皇家参议头衔，家里有丰富的藏书，那些历经岁月锈迹斑斑的书籍，向我们透露着这个家族的文化底蕴。

导航显示，歌德故居周边有多家书店，但围绕广场是一个发散式的街道，路都是斜的，转来转去又回到原地。终于找到一家德文书店，啥也看不懂，还是买了一本关于德国火车的书带回来送给茶包。茶包同学喜欢火车和飞机，虽然看不懂德文，但德国发达的火车以及多样的造型，茶包还是看得津津有味。

从书店买完书出来，一个游行队伍出现在眼前，人们好像习以为常，类似的游行应该经常有。

我打算往美因河方向走，却意外路过一家JOKERS书店。这家书店挺棒的，有各种艺术图书、大画册，我一本本翻，的确非常好，可惜这些书太重了，不敢买。离这个书店不远，就是法兰克福中心罗马广场了。人潮涌动，我在人群中迷失了一会，继续朝着美因河方向走去，远远就看到了铁桥。美因河畔太美了，两岸很少有楼宇，只有教堂的箭塔高高耸立。

走上桥，首先看到密密麻麻的“同心锁”，数不清有多少，那么多情人们在此锁上承诺，见证爱情。然而，哪儿都有“隔壁老王”，我在锁群中还是发现了“专业开锁”，并留有电话，不知道会不会真有人打电话求开锁呢？

走了一路真有点小累，坐在美因河畔长椅上歇一会儿，看看岸边散步的人们，以及美因河上往来船只。

中午在一家餐厅吃了德国大肉大肠套餐，在餐厅靠窗吧台座正喝着德国啤酒，看到街对面一家叫COMIC的书店。饭后走进，发现是一家漫画书店，有非常丰富的欧漫。后浪出版公司出版了大量欧漫作品，每一本都很喜欢。在这里也看到有中文版的几本欧漫的德文版。看来欧漫在欧洲非常受欢迎。也有种类不少的日漫。

路过法兰克福大教堂，原来之前在美因河畔看到耸立的教堂塔顶就是这个教堂。从 14 世纪迄今，已有 600 多年的历史，在 1562—1792 年间神圣罗马帝国时期共有 10 位德国皇帝在此举行加冕典礼。随着人流进入教堂，周围很多中国人身影，身边一位中国青年一路走一路刷抖音并且声音外放，不时还肆意大笑。不久，他的不雅行为被工作人员制止，他只好戴上耳机，继续刷抖音，可以想象，戴上耳机后再肆意大笑时会是什么情况。

从大教堂出来，我想找个清静的地方待会儿，拐到一条小路走，没想到撞见一家超级棒的艺术书店。这条小街没什么人，但书店里却有不少读者，看来这家艺术书店应该很有名，店名是德文看不懂。这里的艺术图书非常丰富，涵盖世界各地的艺术，以及不同的艺术类型。也有部分中国和日本等亚洲国家的艺术画册。如果有时间，在这里泡一天都不够。大多数书都允许翻阅。

下一家路过的书店叫 OXFAM，是一家旧书店，店内有很多旧书和二手书，还有很多单幅画作。看来这也是一家人气书店，店内很多读者，有些人抱着一摞书等待结账。看了看价格，几欧几十欧都有。

歌德雕像
一綠茶 二〇一九.十.九
歌德广场上，歌德雕像矗立中央，
两边是繁华的奢侈品商圈，我逛了
一天累极了，面对歌德老师，画个
速写真是最美好的休息时刻。
GOETHE

歌德雕像

逛德国书店最不爽就是看不懂，也没法买书，每次空手进空手出。

特意把法兰克福最大的书店 Hugendubel（胡根杜贝尔书店）留在最后，这家书店很壕，五层独栋大楼，周边全是奢侈品牌店。这是德国最大的连锁书店集团之一，1893 年在慕尼黑创始，至今已三代，到 Heinrich Hugendubel（三世），开始连锁化经营。

这个书店的空间设计、展陈和区域都非常合理，一点都不亚于国内那些注重颜值的“最美书店”，尤其店内供读者阅读的红沙发非常显眼，让人忍不住想在这儿坐下来，安安静静地看书。我来的时候，刚好有一位作家正在做阅读活动，整个活动现场坐满了人，红沙发上也不见一个空位。只好到底层的咖啡区要了一杯德国啤酒，靠在椅子上，仰头看扶梯上的人流和圆弧形壮观的书架。

一天的徒步书店之旅，到此就圆满结束了。微信收到未读伙伴们也正坐车过来，会合后去享用大餐。从书店迈步出来，却原来还是歌德广场，看来，在法兰克福溜达，是绕不开歌德了。刚好还有点时间，到歌德先生塑像前，坐在长条椅上速写一张歌德先生。

PS：在法兰克福书展现场，设有一处小型古书展，大概有几十个摊位，我来此巡阅一番，买了几本小书。虽说规模不大，但一个个摊位逛过来，也差不多费

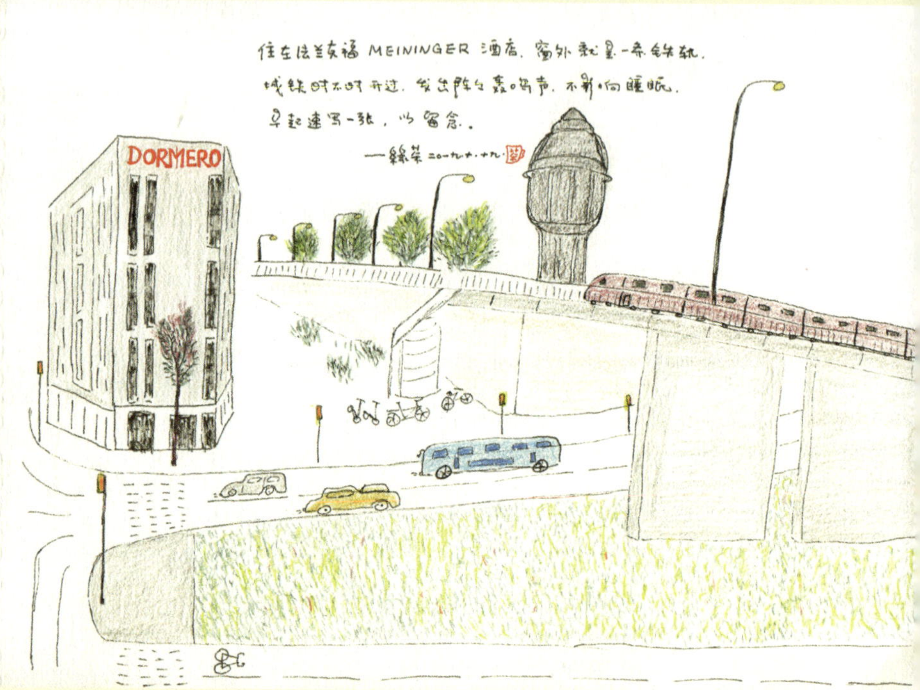
住在法兰克福MEININGER酒店，窗外就是一条铁轨，
城铁时不时开过，发出阵阵轰鸣声，不影响睡眠。
早起速写一张，以留念。
——绿茶 二〇一九.十.十九.
DORMERO

法兰克福的酒店

时小半天。大多数古书都价格不菲，主要起展示作用。还有大量的版画，见有不少人购买，我也看中几幅，不贵。

法兰克福书展留影（左起：韩志、绿茶）

法兰克福书展

法兰克福书展古书展

法兰克福书展古书展部分展品

Hugendubel 书店

罗马广场

法兰克福火车总站

美丽的美因河畔

JOKERS 书店

OXFAM 书店

OSIANDER 商场书店

Schmitt & Hahn 连锁书店

Schmitt & Hahn 连锁书店：杂志架

Schmitt & Hahn 连锁书店：报纸架

歌德故居

歌德广场

歌德故居

歌德故居

给小茶包买的火车书

一家漫画书店

一家艺术书店

书店小而美

送给小茶包妈妈的生日画

附录

绘图：胡优（绿茶的外甥）

打开书店的八种方式

最近几年，在很多城市逛书店，也和不同书店从业者聊天，敬佩他们的坚持及对书的热忱，我自个儿也想象过一万种开书店的可能，每次，滴水不漏的想法漏得滴水不剩。一次次推开书店大门，满屋的书香让人满心欢喜，有些书店精巧，有些书店凌乱，有些书店温暖，有些书店高冷，有些书店喧闹，有些书店低调，有些书店拥挤，有些书店敞亮……打开书店有很多种方法，这里分享我的八种方式。

一　精神物质，相互点赞

走进 MALL，除了购物、吃饭，还可以逛逛书店，这是现在大多数 MALL 的基本套路。MALL 里的书店，和服装店、首饰店、化妆品店、玩具店等一样，成为一个展示平台，大家翻翻或试穿、试用后，随

钟书阁（北京·融科店绘本区）

即拿出手机，在某宝、某当、某东下单。

这几年，MALL书店越来越多，渐成新开MALL的标配。代表书店有：西西弗、言几又、方所、钟书阁、诚品、Page One、茑屋书店、中信书店、建投书局、纸的时代书店等等。MALL书店基本包含有书店、咖啡、文创、沙龙等几项功能，和千篇一律的MALL一样，MALL书店也难免同质化，豪华精致的店面设计、模块化的格局以及“书＋咖啡＋文创＋活动”经营策略。

“今天下午，××书店全国第××家落地××购物中心”，“××惊现又一家美炸天书店，颜值秒杀所有MALL里的书店”等等，类似的标题没几天就会刷圈，人们蜂拥而至，一睹国内外大牌设计师主理的颜值炸天书店，在书架前翻着书，摆出各种阅读者的姿势拍照、发圈。

MALL书店打开方式：购物，吃撑，找个地方消消食。让精神和物质共处朋友圈，互相点个赞。

二　生意情怀，两厢徘徊

独立书店是对大多数民营书店的统称，但独立书店类型很多，学术书店、文艺书店、主题书店等等。我把几个主要类型拆分一下，因其各自打开的方式很不一样。

第一代独立书店主要诞生于上世纪90年代，那是中国民营书店的黄金时代。当时，仅北京就有5家出色的民营书店。创办于1988年的三味书屋，创办于1993年的万圣书园，创办于1995年的风入松书店，同样1995年创办的席殊书屋，以及1997年创办的国林风图书中心。如今，三味书屋和万圣书园还令人惊喜地开着。

那时期，国内不同城市还有很多著名的民营书店：上海有1997年创办的季风书园；广州有1994年创办的博尔赫斯书店和同一年创办的学而优书店；南京有1996年创办的先锋书店；杭州有1997年创办的枫林晚书店；遵义有1993年创办的西西弗书店；南昌有1997年创办的青苑书店；长春有1997年创办的学人书店；成都有1994年创办的卡夫卡书店……

第一代独立书店带有强烈的文化情怀，偏重人文社科。在情怀与生意间徘徊,有些转型为连锁书店，如西西弗书店、先锋书店；有些还在坚持自己的品质与情怀，同时寻求生存之道，如北京的万圣书园和三味书屋、上海的季风书园、杭州的枫林晚书店、广州的学而优书店、泉州的风雅颂书局、南昌的青苑书店等。可喜的是，这些独立人文书店，都呈现出丰富的精神气质和地标属性。

当然，还有不少已经很遗憾关门了，如：风入松书店、第三极书局、思考乐书局、卡夫卡书店等。

第一代独立书店打开方式：有空多来逛逛，如果运气好碰到店主可以一起聊聊书，谈谈那个年代的阅读趣味。向阅读致敬！

三　谈谈文艺，虚度时光

独立书店中数量最多的数文艺书店。如今开书店，不文艺一下都不好意思开，不管是书店的氛围营造，还是选书品位以及活动配套，都力求吸引书店的主流人群文艺青年，一旦开成文艺青年圣地，那场面就热闹了，但书还是……卖不动。

拿北京来说，单向空间可以算文艺书店的代表了，每周密集的文艺沙龙，频频出没的艺文大咖，店内的选书、咖啡、店猫，以及那些文具，来一杯咖啡坐下，或许会偶遇花家地小业主、“十三不靠”许老板……处处戳中文艺青年的G点。

文艺青年们相信，他们终将改变潮水的方向，而文艺书店刚好满足了这个想象——他们提供各种文艺的可能性，电影、音乐、戏剧、文学、绘画等等，虽然文艺书店店主们心里明白，潮水的方向够呛能改变，但还是有那么多文艺书店不断生根发芽。

文艺书店名单很长，这里简要列一些：北京有库布里克书店、模范书局、码字人书店、春风习习等；

旧天堂书店（深圳）

上海有衡山·和集、思南书局、ZiWU 誌屋、好久不读、半层书店等；广州有 1200bookshop、1book 书店、博尔赫斯书店等；深圳有旧天堂书店、覔书店、书啡生活等；杭州有纯真年代、吾南书舍、两本书店等；苏州有慢书房、初见书房、探花书房等；成都有读本屋、一苇书店等；郑州有松社书店、城市之光书店等；厦门有不在书店、一茶书房等；青岛有良友书坊、不是书店等；大理有海豚阿德书店……

文艺书店打开方式：三五好友，一杯咖啡，怀疑人生，虚度时光。然后重回粗糙的人间，和这个世界谈谈。

四　人以群分，竭泽而渔

还有一种书店类型，可以称为主题书店。这些店主往往很有个性也很任性，对一些人和物有偏执的喜爱，并且把自己的爱好化为实体，向公众传递这样的趣味，吸引相同志趣的人，一起构建社会的多元精神。

开书店，最难把握的就是读者在哪儿。而主题鲜明的书店，其实不担心这个问题，总有一副“酒香不怕巷子深”的自信，把自己这个主题的书籍、物件、地图等收集到极致。然后，等着同好者摸着门来，店主和顾客深入地交流，互加好友，这种垂

谭金土老照片收藏馆（苏州）

直对话特别让人开心，也特别引发购买欲。但这类书店生存不易，我们并不能真的任性。

主题书店近些年也越来越多，在北京，就有女性主题的雨枫书馆，艺术主题的佳作书局，北京文化主题的正阳书局，诗歌主题的小众书坊等；广州有女性主题的禾田书房，广州本土文化主题的浩天书店等；上海则有诗歌主题的思南书局诗歌店，以诗起名的诗集书店，独立杂志主题的香蕉鱼书店，插画主题的鲸字号书店，美食主题的美食图书馆等；苏州有苏州文化主题的苏派书房，老照片主题的安泰书店及谭金土老照片收藏馆等；杭州则有美术主题的南山书屋，沙龙形式的两本书店等，这个名单还可以继续列下去。

主题书店打开方式：竭泽而渔，系统有效地打通知识要道，以审美的方式理解阅读。

五　有限空间，无限想象

还有一种小小的、很美好的书店。这些店主都是理想主义者，不把书店当成一门生意，只是想为自己营造一个精神空间，让小情怀有处安放，在有限空间里无限想象。

最典型的代表，就是我曾居住小区的读易洞书房。这家有12年历史的“中国最美小书店”，一直

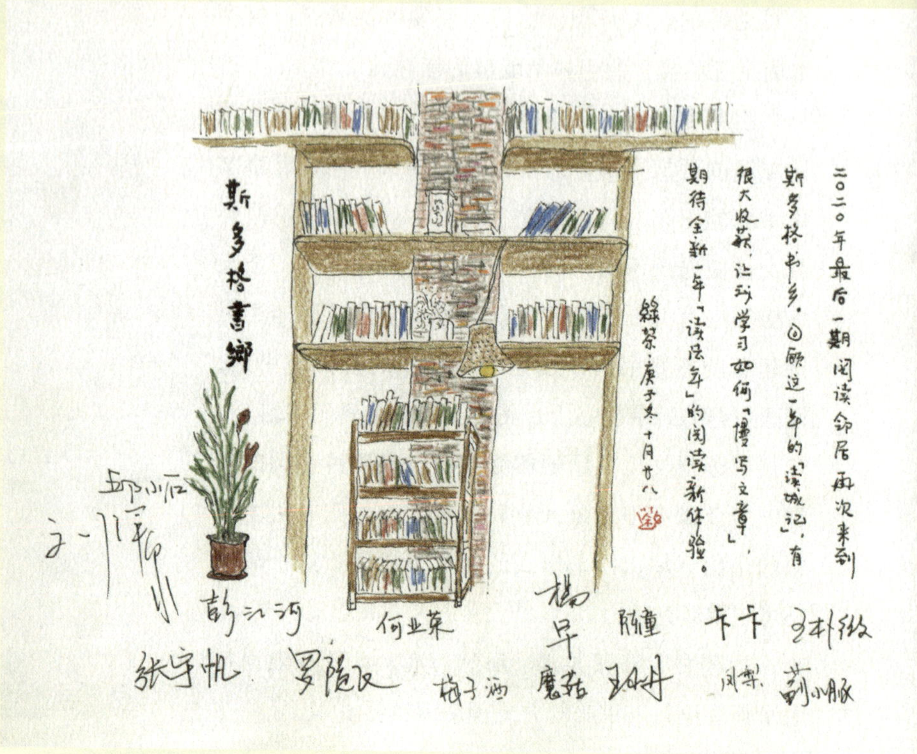
斯多格書鄉
二〇二〇年最后一期阅读邻居两次来到斯多格书乡。回顾这一年的「读城记」，有很大收获，让我学习如何「慢写文章」，期待全新一年「读法年」的阅读新体验。
綠茶·庚子冬十月廿八

斯多格书乡（北京）

是我生活中很重要的“阅读邻居”，我们在书店里办读书会，每个月都以阅读的名义相聚，读书、吃饭、玩。这么美好的生活方式就因为有这样一个小小的空间，让一切想象成为可能。北大畅春园一个不起眼的角落，有一家店名都隐藏起来的小书店斯多格书乡，读易洞书房关张后，我们就把阅读邻居读书会移师到斯多格书乡，继续我们的阅读实验。

类似的小书店还逛过好多。郑州的目录书店也在一个小区里，小到只能安放两张书桌，但翻开这个“目录”，可点的“菜”很多。广州的彼得猫·古本店，更是小到没朋友，在一栋文化空间里，只有几个书架，但主人彼得猫运筹着一个很重要的文艺沙龙——“书墟”，每年邀请很多朋友来摆二手书摊，聊文艺议题。还有上海的1984bookshop、成都的无早 nomorning、青岛的小城书店等等，这些小小书店就像一颗颗火苗，在城市一些不起眼的角落，散发着阅读之光。

小书店打开方式：因为太小，很容易被错过，一旦遇见，一定进来坐坐。

六　古旧书店，老迈灵魂

我喜欢旧书，也喜欢逛旧书店和旧书摊。在日新月异的城市里，能找到的旧书店已经很少。藏书

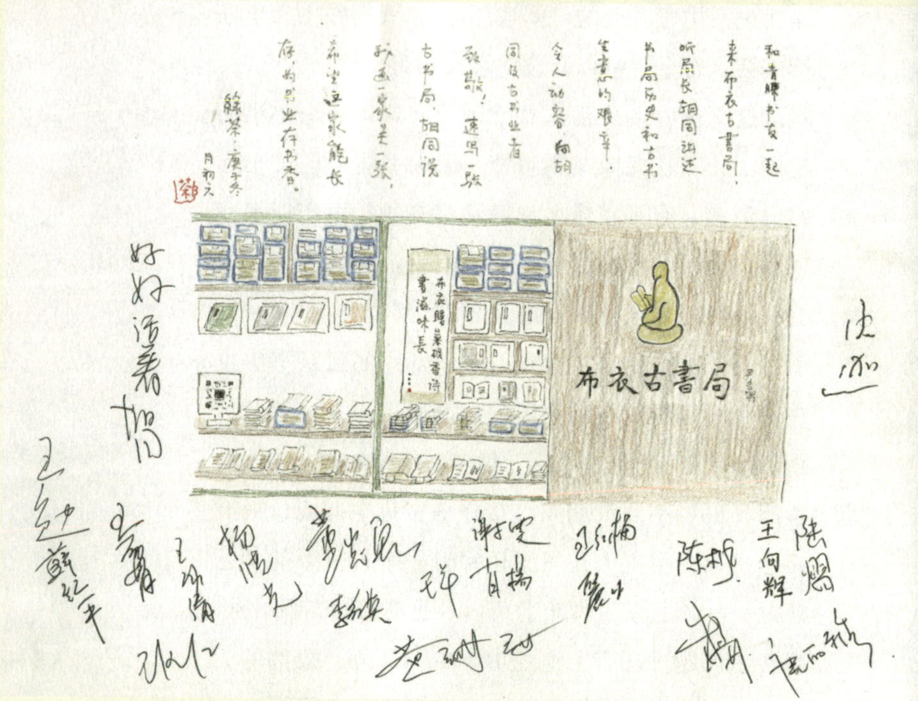

布衣古书局（北京）

家韦力这些年在寻访各地的古籍书店和旧书店，旧书店里有老灵魂，吸引着爱淘书的人。曾经的旧书肆圣地琉璃厂，成为真假古玩市集，中国书店里线装书几乎都在玻璃柜里锁着，潘家园书贩们转行的转行，归乡的归乡。

旧书从业者比大多数人都习惯网上交易，孔夫子旧书网及布衣书局成为旧书流通主要平台，但依然有很多人在坚持传统的旧书行业。上海绍兴路只有短短的几百米，却活跃着好几家旧书店，这些旧书店掩藏在社区里，敲门或预约才能进入。MEPHISTO、诗集、会饮以及附近区域的小亚细亚、犀牛等，也活跃着一些年轻的老灵魂。成都一个不起眼的小区，某单元一楼窗户上，贴着流沙河先生题的“毛边书局”几个小字。敲门进入就像来到一个书的库房，人只能侧身穿梭，没有见过比这更拥挤的旧书店，选书成为很头痛的事。但乐趣也在这里，慢慢沉浸在旧书时光中，此刻，身在书中。

古旧书业虽然是边缘行业，但从业者很多，全国各地依然活跃着众多旧书店，比如：苏州的文学山房旧书店、三省堂、安泰书店、东林书屋；扬州的边城书店；郑州的豫雅书局，温州乐清的桃园书院旧书店；青岛的我们书店等等。

旧书店打开方式：亲自抚摸、翻阅有岁月痕迹的旧书，每本书都有动人的故事。

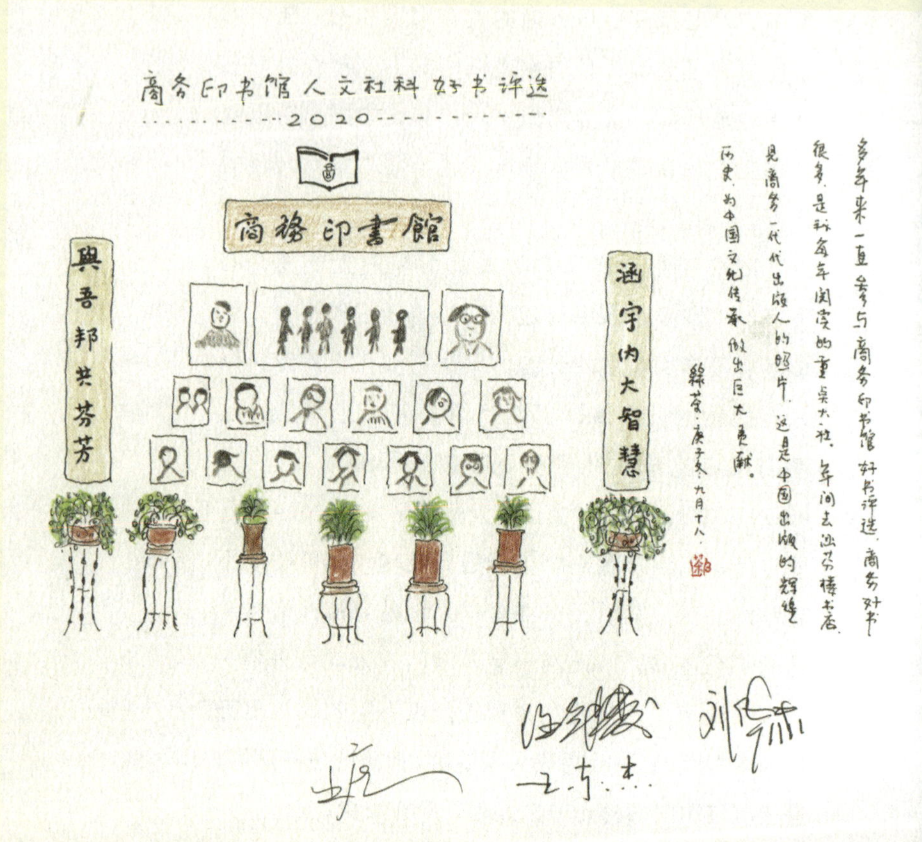

商务印书馆涵芬楼书店（北京）

七　前店后厂，各有所长

前店后厂，出版社开书店在中国是有传统的。民国时期，文人自己没有出版社、书店、杂志都不好意思出门跟人打招呼。那时候的文人们，做起书的生意一套一套的。

商务、中华、三联更是这种模式的典型代表，并且延续至今。如今，三联书店的三联韬奋书店、商务印书馆的涵芬楼书店、中华书局的伯鸿书店，依然是“出版社＋书店”模式的佼佼者，并且融合咖啡、沙龙活动等，具有很强的行业竞争力。

近些年，大多数出版社都开办有书店，有些甚至经营着大书城，最典型的是中信出版集团，旗下有连锁化的中信书店，像青岛出版集团，旗下有青岛新华书店及各主题书店，包括青岛书房等，江苏凤凰出版集团旗下有凤凰书城，深圳出版发行集团旗下有深圳书城及各区书城，外研社旗下有外研书店，中央民族大学出版社旗下有团结书社，黑龙江教育出版社旗下有果戈里书店，辽宁出版集团旗下有歌德书店，陕西人民出版社旗下有延安书局等等，举不胜举。

作为书籍生产单位，销售图书顺理成章，但书店业和出版业确又是两套完全不同的打法，所谓的前店后厂，实则两套逻辑，各自发挥所长。但开书

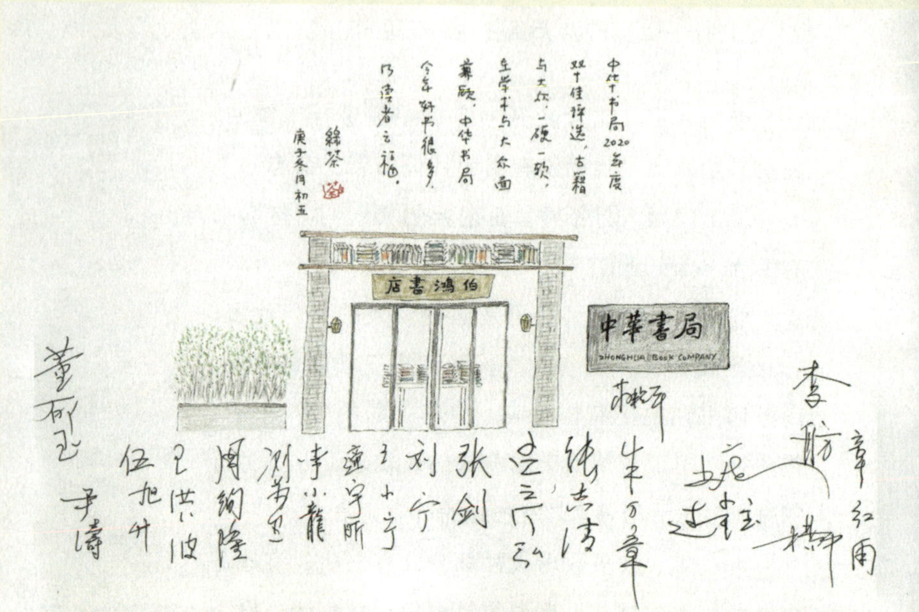

伯鸿书店（北京）

店的确很难赚钱，大多数都需要背后的“厂”给予强力的支撑。

这类书店的打开方式：记住那些在阅读旅途中对你有重要影响的书及其背后的生产机构。

八　不是书店，专注阅读

最后一种类型，其实不算书店，但也是书和阅读的空间。这些不以卖书为主业的书吧、图书馆或藏书室，更注重阅读本身——北京的杂书馆、红楼公共藏书楼、老书虫、斯多格书乡、春风习习、茶伴书香驿站；杭州的晓书馆、麦家理想谷；秦皇岛的孤独图书馆等等。

在杂书馆看书真是非常不错的阅读体验，有品种丰富的各时期图书和杂志，比在国有图书馆看书更自由轻松得多。如能有幸进入老板的藏书楼，看上万种民国杂志创刊号、名家手札及各类主题收藏，更会惊得目瞪口呆，中国的私家收藏竟如此规模！

老书虫，一位国外文学青年在北京三里屯开的书吧，每年举办的老书虫文学节已经是非常重要的中外文学交流节，屡次被媒体评为“全球最美的书店之一”；春风习习是杂志图书馆，可以翻阅世界各地好看的杂志；茶伴书香则以茶为媒，让书友可以在这里喝茶、看书、交流；麦家理想谷也是只供阅

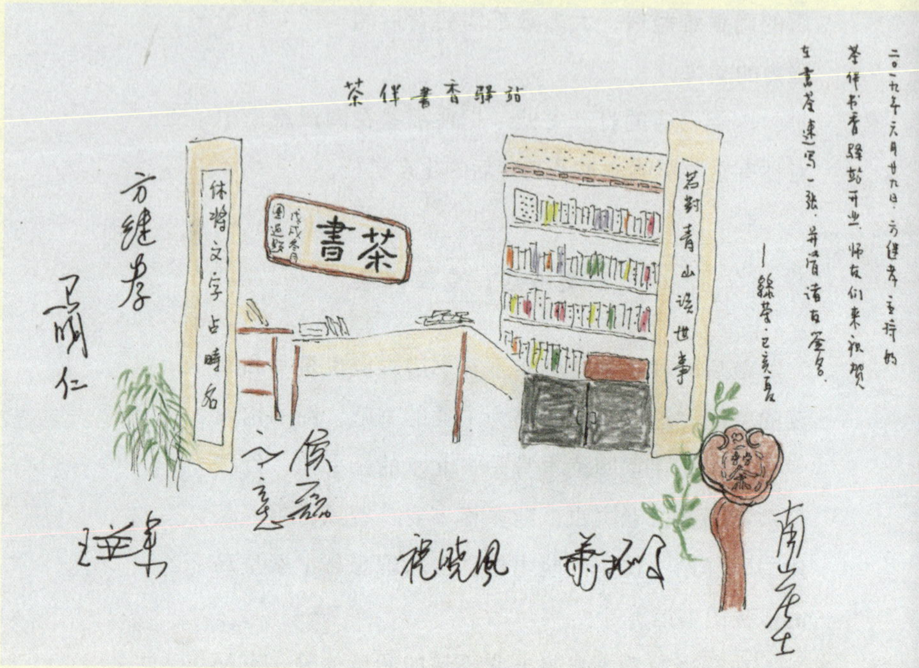

茶伴书香驿站（北京）

读不卖书的空间，还有机会偶遇这里的驻店作家。

阅读空间的打开方式：阅读或者发呆，以及走神……

上述打开的只是很少一部分的书店，希望在未来的书店之旅中，打开更多书店之门，发现更多有趣的灵魂。

誠品選書
1989
1992
感官之旅
1993
文化苦旅
1994
威尼斯日記
1995
蘇菲的世界
1996
給下一輪太平盛世的備忘錄
1997
革命前夕的摩托車之旅
1998
1999

诚品书店（苏州店）

茑屋书店
（上海店）

茑屋书店
（杭州店）

建投书局（上海浦江店）

建投书局（北京国贸店）

钟书阁（上海店）

钟书阁（扬州店）

钟书阁（西安店）

西西弗书店（北京国贸店）

言几又（广州 K11 店）

言几又（郑州建业店）

Page One 书店（北京坊店）

方所（广州店）

方所（成都店）

中信书店

（北京·启皓店）

中信书店

（北京·自然书店

中信书店

（郑州·永威木色）

三联韬奋书店（北京·三里屯店）

三联韬奋书店（成都店）

单向空间（杭州·乐堤港店）

单向空间（秦皇岛·阿那亚店）

单向空间（秦皇岛·阿那亚店）

风入松书店曾是中国最牛的学术书店，我曾于1996-97年在书店做店员，从此与书结下深深的缘份。当时每次走进这个长长的地下室，从"人，诗意地栖居……"下穿过，就像走进了天堂，沉醉在书的海洋中。如今，这家书店已不在，我一直在心中保留着这个画面。今天，把它画下来，估计会勾起一些书友的回忆！
——绿茶 二〇一九.八.廿
風入松書店
汪曾祺题
人，诗意地栖居……

风入松书店

我在书店当店员的日子

当年，这是一家名震全国的学术书店，老板是一位北大哲学教授。

书店就开在北京大学南门外，我几乎天天来报到，但很少买书，只在书店里抱着书狂啃，来回地溜达，对书店的格局和书的分类搞得清清楚楚，甚至比书店有些店员还清楚。所以，当我在老师的引荐下成为书店一员时，显得很得心应手。

面试的时候，我对西方哲学书的了解让老板对我很有好感，也因此，在我成为店员后，一开始我就被安排在哲学区，我的书店生涯就从这一亩三分地开始了。

每天，上班的时候埋头整理书，经常弄得满头大汗，但是一点儿都不觉得辛苦，反而幸福感满满。两年来，这幸福感一直伴随我。

我有自己的分类法。同一种类别的书，在一格书架内，以开本大小左右排开，经我整理过的书架，总是高低分明，读者抽书翻阅后，看着高低平整的书架，会自觉地把书插回原位，如果有些书不在原位，我会马上发现，并及时插回原位。也因为这样的偏执，我特别见不得其他区域书架上长短高低不一的摆放，恨不得去一一整理。

我发现，自己亲自从架子上一一拿下，再一一上架，这个重整的过程就和书发生了特殊的关系，能对这本书有深刻的印象。很多书，放在架子上，或者看着书名，本来是没有兴趣的，但拿下来翻一翻，再重新放上去，就可能发生兴趣了。比如，语言学的书，以前是一点兴趣都没有的，但重整的过程让我对这类书产生了很大的兴趣，并且愿意去阅读和了解。就这样，我的活动区域越来越大，感兴趣的书越来越多，去各个区域拿上拿下的动作也越来越频繁。我觉得，这种反复和书发生关系的动作，就是成为一名好店员的基本功。

时间一久，我和书的关系越来越密切，对店内的书也越来越了解，脑子里有了一个自己独特的搜书定位系统。这套搜书系统帮了我很大的忙，能给读者提供更快速便捷的搜书服务。渐渐地，有读者找书，同事们通常会引到我这儿来。

老板也是个懂书之人，他经常在店里转悠，对店内的书也许没我了解，但他对书的分类和摆放跟我有很多共鸣。他主要比较关心哲学区域的情况，作为学术书店，哲学区域自然是重点。而我的整理术，可能基本达到了他的要求。

后来，他让我负责前面的展台，就是在全店范围搜寻各种好书，在书店最显眼的展台上排放。这个工作颇具挑战性，非常考验我的选书能力，而且要勤于更新，看到卖不动的书，当即撤下。如此反复，我的选书能力也在工作考验中得到了很大的提高。

说实话，这个安排的确让我很有成就感。看着读者认可我推荐的书，一本本拿着读，然后买下，心里非常高兴。这或许就是最初阅读分享精神给我带来的感触吧。

然后，我被安排负责店堂全面的工作，也叫店长，这个工作其实和以前没多大改变，除了给店员排排班，接待一些来委托代销自己书的作者和出版商外，主要内容还是管好展台推荐书和帮读者找书。

说到展台，需要再补充几点。这是好书展示的平台，也是书店的门面。读者进入书店，最先会围绕展台逛几圈，很多老读者基本上只逛完展台，找到自己想要的书，就买书走人了。所以说，展台的更新和展示非常重要。我除了每天要从各区域搜索好书外，还要及时和库房对接，以了解最新的新书到货情况，好在第一时间获得新书、好书，丰富展台的魅力。

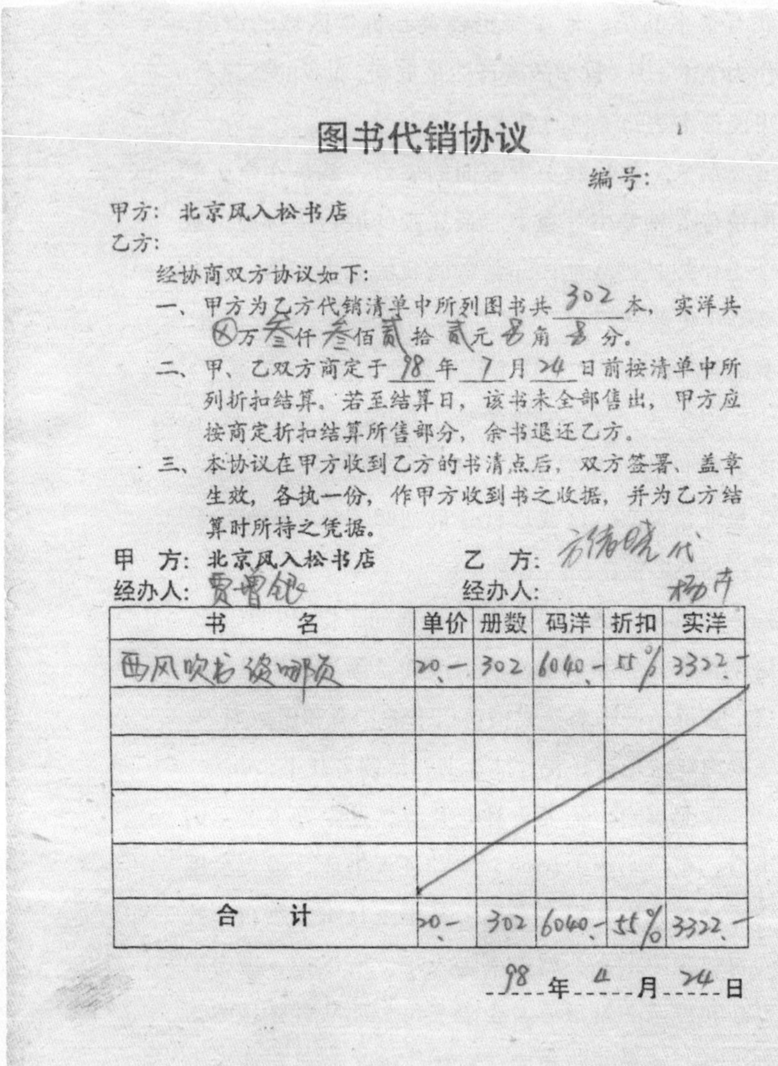

图书代销协议

编号:

甲方: 北京风入松书店

乙方:

经协商双方协议如下:

一、甲方为乙方代销清单中所列图书共 302 本,实洋共 ⊗万叁仟叁佰贰拾贰元⊗角⊗分。

二、甲、乙双方商定于 98 年 7 月 24 日前按清单中所列折扣结算。若至结算日,该书未全部售出,甲方应按商定折扣结算所售部分,余书退还乙方。

三、本协议在甲方收到乙方的书清点后,双方签署、盖章生效,各执一份,作甲方收到书之收据,并为乙方结算时所持之凭据。

甲 方: 北京风入松书店　　乙 方: 方绪晓代

经办人: 贾曾钢　　经办人: 杨序

书 名	单价	册数	码洋	折扣	实洋
西风吹书读哪页	20.—	302	6040.—	55%	3322.—
合 计	20.—	302	6040.—	55%	3322.—

98 年 4 月 24 日

绿茶(方绪晓)当年在风入松书店时经手的《西风吹书读哪页》一书的代销协议

我还会经常跑到在远郊的库房去自己挑书，也能发现不少意外的好书被埋在拥挤的库房中，延误了展示的时间。我愿意去库房,还有一个自己的私心，因为库房里有书店以前卖过的旧书、绝版书、经典版本，等等。

再说这展台。展台是我在书店的主要阵地，每天看着展台上的书在慢慢变矮，看着读者在展台前认真地翻书、选书，这样的场景，后来我在逛书店时经常都在回味——当自己在书店展台前翻书看书时，是否也有店员在注视着我，像我当年一样带着分享的喜悦呢?

再后来，我还在书店的营销部（主要做图书馆团购）和采购部（主要负责向出版社订货）待过。在营销部时，主要盯着一些大客户和图书馆，以团购的方式把书推销给对方，这个过程很商业化，没有丝毫的分享乐趣。

在采购部时倒比较有挑战性，因为这个工作就是替书店订书，其实也就是为读者选书。我也参加过各种类型的图书订货会，但那个时候，只能凭自己的直觉和素养了，虽然自觉很有信心，也满足于自己的选书标准，但整个过程和书很远，只在书目上打钩或画圈，或者和出版社发行人员进行面对面的交易。

在书店的时光只有短短的两年，之后就毕业就

史上最乱书房，每天在书堆中出不来
却又乐在其中
綠茶·二〇一八·十二·七·
茶
书的围城，你出不来，我进不去，哈哈……
雪村速写 2018.11.7

绿茶书房速写（罗雪村绘）

业了。但这两年让我对书有了最深切十足的爱，对阅读分享精神有了最深刻的认同，以及分享精神带来的幸福感。

毕业后这 20 多年来，我一直从事着与书有关的工作。2015 年，我出版的小书《在书中小站片刻》封面上，一个朋友的女儿送了我一句英文：

All with Books

Always Books

我一直享受这样的纯粹！

本摊“绿茶书情”

面包与运动
小丑之见
中国烹饪史略
诸葛亮集
曹操集
苏联哲学资料选辑
第四辑

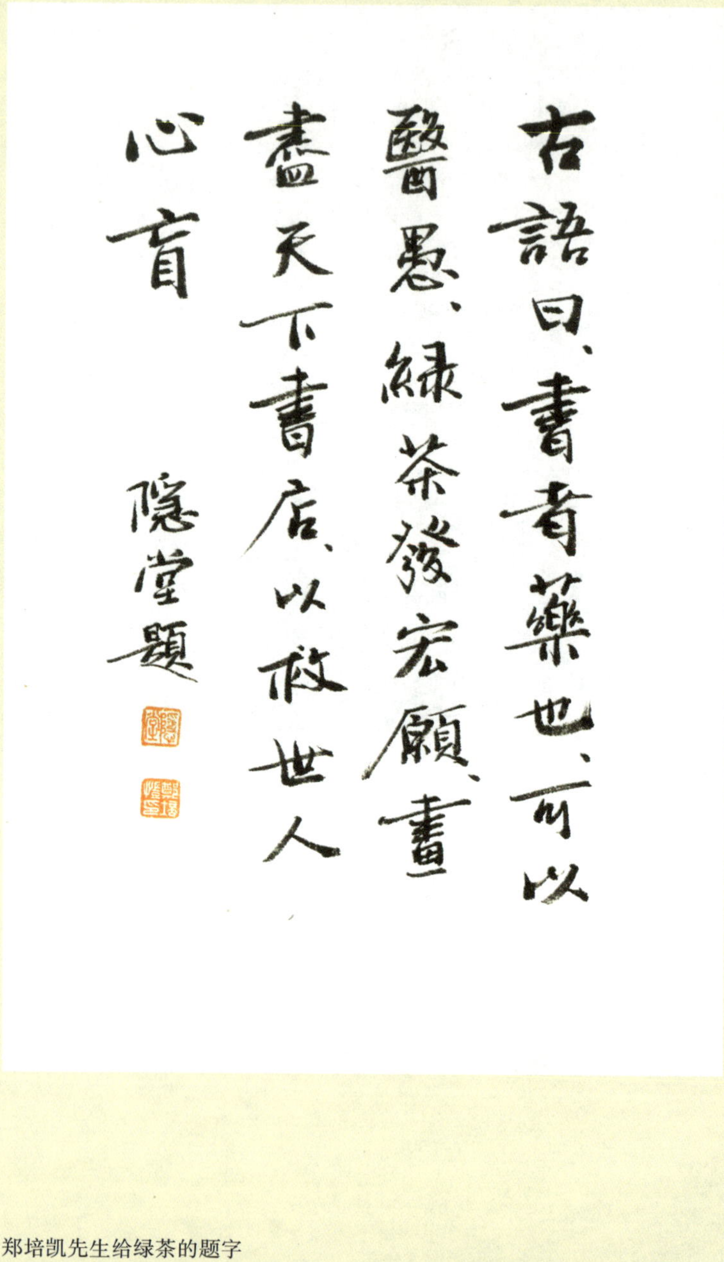

郑培凯先生给绿茶的题字

后记

书店是城市的审美底色，沉淀着浓浓的书香和醇厚的思想；掠过书店的每一个身影，都留着迷人的身姿和动人的故事。

小书付梓之际，内心颇多不安。书中记录只是中国书店业的小小缩影，远未呈现中国书店之缤纷多彩，个中遗憾留待以后弥补和充实。

如果没有书店，就没有这本书。我将借助这本小书，踏上中国书店远行之旅，力争将来走进更多书店，写下和画下书店的故事与色彩。

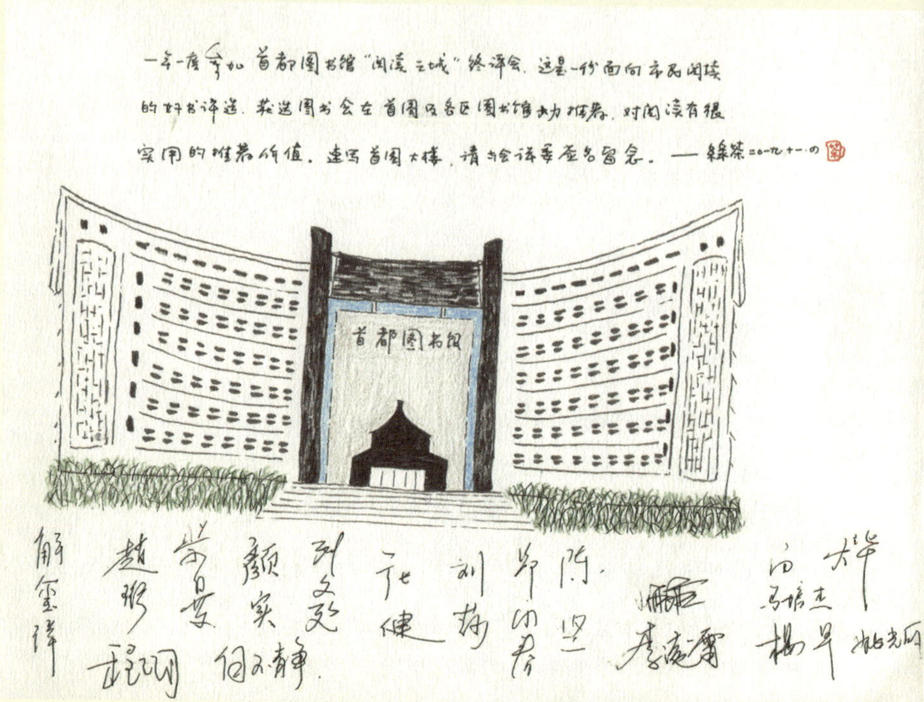
一年一度参加首都图书馆"阅读之城"终评会，这是一份面向市民阅读的好书评选，获选图书会在首图及各区图书馆协力推荐，对阅读有很实用的推荐价值。速写首图大楼，请诸评委签名留念。——绿茶 二〇一九.十一.四
首都图书馆

如果没有书店，就没有这本书

这本书里的文字，是我多年逛书店断断续续的记录，最早的写于十多年前，最近的则完成于疫情期间，我也从小书虫变成老书虫，不变的是书店的情结和淘书的热爱。

我的书店情结缘于风入松书店。书中《我在书店当店员的日子》怀想了那段时光。2011 年风入松书店闭店，至今已整十年，偶尔来北大附近，会特意拐到北大南门那条海淀路，只为了看看风入松当年所在的资源西楼，那个曾经让无数爱书人流连忘返的书店，如今成了什么所在。

十几年前，海淀路曾是一条繁华的街道，北大南门、小南门通向街道，马路两边，饭馆一家挨着一家，酒吧、网吧、理发馆人头攒动，一幅热闹的校园围墙外的图景，还有闻名全国的学术书店——风入松书店，从海淀路 46 号资源西楼进来，沿着一条长长的通道，“人，诗意地栖居……”一片书海映入眼帘。

如今，这是一条少有人走的路，从西向东单行，只有 332 路还惦记着这条老路，拐进来，捎走几位孤单的乘客。

一家书店的消亡很快就会被忘记，但风入松书店的消亡却无法让我忘怀，这里曾留下我最珍贵的一段青葱岁月。书架后面的小库房藏了不少自己想买的书，到离开时都没能有足够的钱买下来。那些我视为珍品的书，也许被下一任店员又重新上架了。

从风入松走出来的很多人，后来都从事书店相关行业，有继续从事书店业的，还有从事图书批发业的，也有从事图书出版行业的，而我则从事了媒体行业，成为一名书评编辑。

2011 年风入松书店停业，一个近 20 年的书店传奇随之结束。

海淀路西头，原是北京著名的海淀图书城，书店、唱片店、服装店、文具店、理发馆、饭馆、酒吧、游戏厅等应有尽有，是海淀镇最繁华的商业中心。上学那些年，几乎每天在海淀图书城逛。书城内籍海楼和昊海楼两栋主体建筑，分布着大大小小几十家书店，穷学生买不起书，每天只是来书店蹭书看。

久而久之，每家书店的风格大致也摸出个大概，尤其是上新的书，一眼就能认出来。现在还能想起名字的，大书店有新华书店、外文书店、中国书店、二酉堂书店等，小书店大多记不得名字了，貌似还有印象的有世同书店、未名书店、东方书店、北斗书店等。

1997年，昊海楼地下开了一家规模超大的国林风图书中心，和风入松形成对抗之势。当时我正在风入松当店员，自然要来考察和学习一番。国林风新增了很多功能，比如开设有咖啡区，引入很多文创产品销售等，这些对于现在的书店都是标配，但当时这些功能却是很新鲜。2006年，国林风升级为第三极书局，号称是中国最大的民营书店。三年多后，第三极也走到了极点，宣告停业。另一个书店业传奇也结束了。

当年，北大周围的书店格局是三家鼎立，风入松、国林风和万圣书园。如今，前面两家已退出舞台，唯有万圣书园还在举着学术书店大旗，成为北京最重要的书店地标。

上世纪90年代，风入松和国林风的确算是巨无霸型书店，而万圣书园只能算是个小书店，在北大小东门外成府街胡同内。以万圣之小却以其专业性和学术眼光，吸引着读书人在深巷寻找书香，可见其独特性和强大的气场。

慢慢地，成府街这条小胡同在万圣引领下聚拢

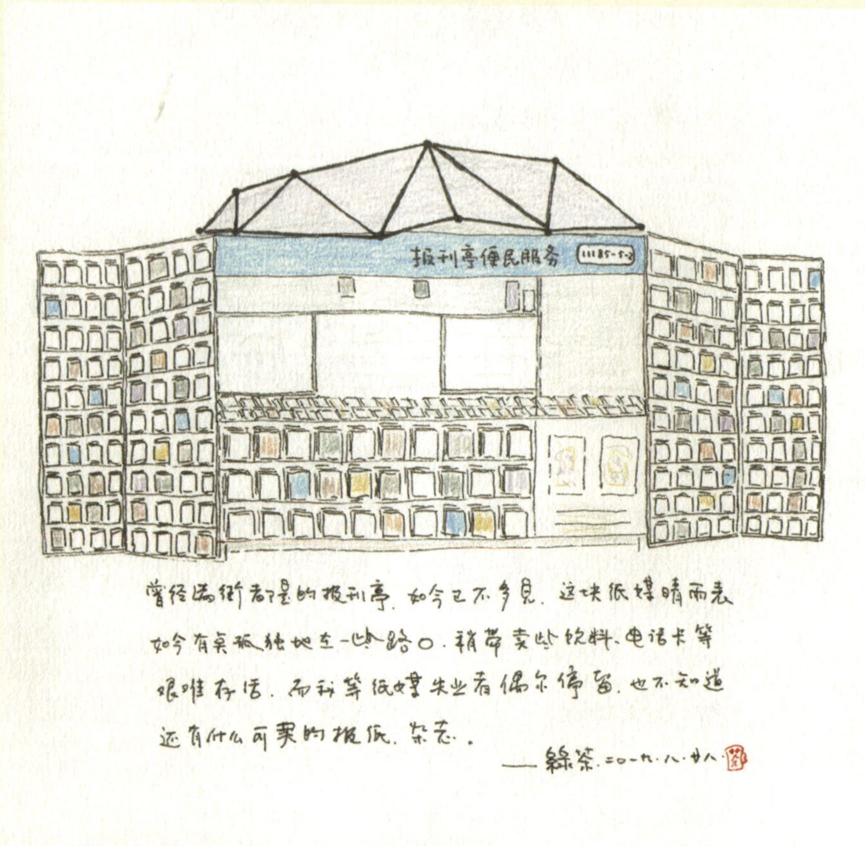
报刊亭便民服务
11185-5-3
曾经满街都是的报刊亭，如今已不多见。这块纸媒晴雨表
如今有点孤独地立一些路口，稍带卖些饮料、电话卡等
艰难存活。而我等纸媒失业者偶尔停留，也不知道
还有什么可买的报纸、杂志。
——綠茶 二〇一九.八.廿八

报刊亭

不少爱书人和文艺青年，前后开张了雕刻时光、那里酒吧和蓝羊书坊等——在雕刻时光看西方电影大师作品，在那里酒吧听驴友们分享旅行体验，在蓝羊书坊和老板聊电影、音乐，买打口带。胡同西口有时候还有书贩摆书摊，我的很多西哲书如汉译名著、20 世纪学术文库等都淘自这些书摊。可以说，成府街是那个年代最文艺的胡同。

如今，北大小东门外这片区域全部纳入北大版图，盖成一栋栋大楼，成为不同院系办公室、北大校医院、北大博雅国际酒店以及直隶会馆等。万圣书园再往东，搬到蓝旗营成府路。雕刻时光已是咖啡连锁，开在很多高校周边。那里酒吧曾经开在后海附近帽儿胡同，现在不知去向。蓝羊书坊后来搬到清华西门北边一条胡同里，如今，书坊已不在，改为蓝羊咖啡。不久前，清华西门这片区域也都被推倒了。

令人欣慰的是，万圣所形成的书店气场继续吸引着众多书店聚拢，成府路上慢慢又形成了以万圣为核心的书店群，参差书店、雨枫书馆、野草书店、豆瓣书店、墨盒子绘本馆等等。

如今的海淀图书城已改造为“创业一条街”，分布着各种类型的创业公司、投资公司、创业咖啡馆、企业孵化器等等，曾经熙熙攘攘丰富多样的图书城，现在略显清净。唯有一家最传统的国营中国书店还

读易洞并没有消失
只是搬回家里了。
我和杨早以前经常
去他们私家读易洞
聊天，同时谈谈阅读
邻居读书会的事。
那时候就没想过
画一画读易洞，
如今不能登门，
却对着照片画
这间熟悉的书房。
当然我没有「当当」
跳到你脚上来
亲热一下了。等
疫情过去登门
请洞主洞婆
签名，再听听
「当当」亲热的
叫声。
绿茶·二〇二二
读易洞

邱小石书房

矗立在街口，那个招牌“中国海淀图书城”则静悄悄待在墙角，让有心的人还能捕捉到一点曾经的书香气息。

北大周围的书店变迁史，是城市变迁的一个缩影，曾经的繁荣和如今的辉煌，在历史的潮流中都只是昙花一现。在我的生命记忆中，那些书店的存在就是我心中那朵昙花开放的一刻，深深印在我的脑海里，一辈子都难以忘记。

最后，我要把深深的惦念留给读易洞书店。

2018 年，读易洞在创办 12 年之后宣布闭店，没有什么外力原因，店主夫妇就是想休息一下，换种生活方式。

店主邱小石袒露：“经营十年之后，读易洞已呈现旧态，我和洞婆的兴趣开始转移，书店的使用效率渐渐降低。我把喜欢的书搬回了家，怕别人买了再也补充不到了。这个时候，我眼里的读易洞到处是漏洞，客人也许不察觉，但我知晓她与最灿烂时的落差。每当有人慕名到访，我总会产生惶恐，怕人失望。这种感觉非常不好，想来这也加速了我们关店的决定。”

入住这个社区第二年，读易洞书店开张，这个好消息让人无比开心。一开始，我有点不好意思在书店久待，只有我一个人，待很久又不买书，总归

讀易洞
讀易洞
TEA
COFFEE
WELCOME
我去过很多书店，读易洞一直是我心中最理想书店的样子。我们在这里办读书会、会友。每次走进这个空间，内心有无比的舒适感。2018年，读易洞闭洞，我也搬离了小区。曾经的阅读邻居从此成为记忆!!
——綠茶 二〇一九.九.廿一

读易洞

是很尴尬。我对书店的选书品位很欣赏，不少建筑、城市、社会、文化、历史等方面的书籍。

我在报纸上多次推荐这家小小的社区书店，也带好几拨朋友来逛过，他们除了说太远，余下都是各种赞。有一年，台湾著名“书店巡阅使”钟芳玲女士在单向街圆明园店举办《书店风景》新书沙龙，活动后钟老师执意让我带她去参观慕名已久的读易洞，刚好我要回家，我们从北京西北角千里迢迢开到东南角。在读易洞，钟老师像逛世界上那些著名书店一样欣喜若狂，并且赠送店主夫妇《书店风景》三联初版。

2011 年，我、杨早、邱小石三人在读易洞联合发起“阅读邻居”读书会，近十年来，“阅读邻居”一直秉持阅读需要分享的理念，提倡“阅读—思考—表达—写作”的阅读闭环。每月在读易洞的阅读聚会，是近十年来最开心的收获。

近十年与之为邻，突然消失，的确有点失落。但读易洞在我心中依然是最理想书店的样子，没有过多装饰，时间的痕迹在小店里停留，每一个书架、沙发、茶杯都熟悉而亲切，那张长条桌光滑得可以照出清晰的脸，我们围坐一起，读书、喝茶，每个人脸上都笑容灿烂。

如果没有那些消失的书店，也不会有这本书。

这本书顺利出版，要感谢的人和事很多很多。感谢风入松书店，给我种下书店之根，这么多年每每见到书店就像回到了家；感谢读易洞书房，比邻十多年，让我体验到最幸福的阅读社交生活；感谢所有书店从业者，他们的理想和实践，让这个社会拥有那么多美好的书店，动人的故事；感谢上海三联书店、理想国同仁及曹凌志兄，他们的专业精神让这本小书呈现如此丰富的样貌；感谢茶妈和小茶包，他们的幸福陪伴让这一切有了意义。

绿茶 于 2020—2021 跨年夜

本书图片众多，除本人拍摄外，还征集了不同来源的图片，有些系书店方提供，还有一些则来自书萌、西门媚、邱小石、王道等朋友的友情提供，在此一并致谢!! ——緑茶·庚子冬

我在现场“画书店”

读易洞

“阅读邻居”读书会（邱小石 摄）

韦力和“阅读邻居”书友在故宫文渊阁（邱小石 摄）

“阅读邻居”在读易洞

（右起：杨早、邱小石、沉醉寒冬、绿茶、洞婆、贾珺然）

“六根”及友朋在势向空间

（右起：绿茶、李辉、张立宪、李大钧、韩浩月、杨葵、武云溥、陈晓卿）

绿茶和王道在郑州有书馆

绿茶和王道在北京前流书店淘旧书

绿茶、王道在布衣书局和"局长"胡同合影

“阅读邻居”之韦力《书楼觅踪》读书会（邱小石 摄）

小茶包生日画

又一年小茶包生日画.
小学生活也诸般辛苦.
辛丑牛年，再一起
读书、画画.
吵吵、闹闹

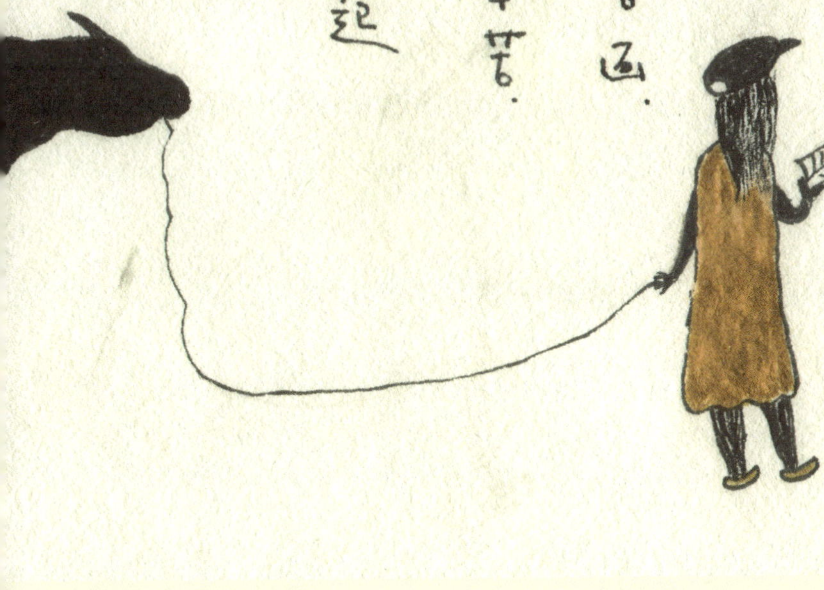